Barbara Jaglarz/Georg Bemmerlein

Einfache Texte lesen und verstehen

Textverständnis, Wortschatz und Grammatik

5.–10. Klasse

PERSEN

Wir verwenden in unseren Werken eine genderneutrale Sprache, damit sich alle gleichermaßen angesprochen fühlen. Wenn keine neutrale Formulierung möglich ist, nennen wir die weibliche und die männliche Form. In Fällen, in denen wir aufgrund einer besseren Lesbarkeit nur ein Geschlecht nennen können, achten wir darauf, den unterschiedlichen Geschlechtsidentitäten gleichermaßen gerecht zu werden.

In diesem Werk sind nach dem MarkenG geschützte Marken und sonstige Kennzeichen für eine bessere Lesbarkeit nicht besonders kenntlich gemacht. Es kann also aus dem Fehlen eines entsprechenden Hinweises nicht geschlossen werden, dass es sich um einen freien Warennamen handelt.

9. Auflage 2024

AAP Lehrerwelt GmbH
Veritaskai 3
21079 Hamburg
Telefon: +49 (0) 40325083-040
E-Mail: info@lehrerwelt.de
Geschäftsführung: Andrea Fischer, Sandra Saghbazarian, Robin Schlenkhoff
USt-ID: DE 173 77 61 42
Register: AG Hamburg HRB/126335

Autorschaft:	Barbara Jaglarz, Georg Bemmerlein
Covergestaltung:	TSA&B Werbeagentur GmbH, Hamburg
Coverfoto:	© Monkey Business – Fotolia.com
Illustrationen:	© Barbara Jaglarz und Georg Bemmerlein und deren Lizenzgeber
Satz:	YellowHand, Nürtingen, www.yellowhand.de
Druck und Bindung:	Korrekt Nyomdaipari Kft., Budapest

ISBN:	978-3-403-23001-4
www.persen.de	

Inhalt

Vorwort

Bei der Auswahl der Texte standen neben sprachdidaktischen Überlegungen auch Verständlichkeit und Unterhaltungswert im Vordergrund.

Die zwölf lustigen Texte sind dem sprachlichen Schwierigkeitsgrad nach geordnet. Sie wurden für Schüler konzipiert, die bereits über bestimmte Grundkenntnisse in Wortschatz und Grammatik verfügen. So bieten sie eine gute Ergänzung zur Arbeit mit Band 1 „Wortschatzübungen zur selbstständigen Arbeit" (Best.-Nr. **3617**) und Band 2 „Grammatikübungen mit System" (Best.-Nr. **3724**) derselben Reihe. Zu jedem Text gehören verschiedene Übungen zum Leseverständnis, aber auch Übungen zur Wiederholung, Festigung und Vertiefung von Wortschatz und Grammatik.

Die ersten Texte sind im Präsens geschrieben, sie sind in Umfang, Wortwahl und Satzbau einfach gehalten und steigern von Text zu Text allmählich ihr Niveau. Dies gilt ebenso für die angeschlossenen Übungen, die auf den Schwierigkeitsgrad der zugehörigen Texte abheben. Zu den letzten Texten, die im Präteritum abgefasst sind, gehören dementsprechend auch stärker fordernde Aufgaben, die das weitgehend selbstständige und freie Formulieren ganzer Sätze und kleiner Listen bzw. Gebrauchstexte (Einkaufszettel, Briefe usw.) verlangen.

Bevor die Kinder einfach Unterrichtsstunden absitzen und sich langweilen, weil sie in den Unterrichtsverlauf mangels Sprachverständnisses nicht integriert werden können, ist es allemal besser, die Kinder an ihrem Problem selbst arbeiten zu lassen. Deshalb lassen sich die Arbeitsblätter bei Kindern ohne deutsche Sprachkenntnisse in jedem Fach sinnvoll anwenden.

Die Kinder selbst zeigen sich in der Regel dankbar und haben das Gefühl, mit ihrem Problem nicht abgeschoben oder sitzen gelassen, sondern ernst genommen zu werden und im Rahmen ihrer Möglichkeiten Unterricht zu erhalten.

Und es geht auch dem Lehrer besser, der nicht mehr mit ansehen muss, wie ein Schüler in seinem Unterricht Zeit totschlägt, nicht weil das irgendjemand so will, sondern weil es der Umstände wegen nicht anders zu gehen scheint.

Selbstkontrolle und Lösungen ermöglichen dem Schüler selbstständig die erarbeiteten Aufträge auf Richtigkeit zu überprüfen. Die Arbeitsblätter sind so einfach konzipiert, dass muttersprachliche Mitschüler als Helfer jederzeit fungieren können. Dem Lehrer sollte eigentlich nur noch die Rolle des Motivators, Moderators und „Helfers in der Not" zufallen. So können Schüler ohne besondere Deutschkenntnisse sinnvoll im differenzierten bzw. binnendifferenziertem Unterricht mit dem beschäftigt werden, was für sie im Moment am wichtigsten ist, nämlich ihre Kenntnisse der deutschen Sprache zu erweitern und zu vertiefen.

In der Anforderung sind die Blätter so ausgelegt, dass Schüler, die den Grundwortschatz und die elementarste Grammatik (eventuell aus Band 1 und 2 der gleichen Reihe) der deutschen Sprache einigermaßen beherrschen, nur mit einem Wörterbuch als Hilfsmittel, völlig eigenständig die Lösungen erarbeiten können. Das bedeutet auch, dass der Lehrer beim Einsatz dieser Materialien keinen besonderen didaktischen Anforderungen bezüglich der Didaktik des Deutschen als Fremdsprache unterworfen ist.

Die Arbeitsblätter sollen helfen, Neuschüler ohne Deutschkenntnisse zu befähigen, sich so schnell wie möglich zuerst in der ungewohnten neuen Schule und Lernwelt und später im neuen Lebensraum sprachlich zurechtzufinden. Er eignet sich in der Sekundarstufe für alle Schulniveaus, auch für die Förderschule.

Barbara Jaglarz und Georg Bemmerlein

Ein Riesen-Dankeschön für die seit Jahren hervorragende Zusammenarbeit geht an unseren Persen-Lektor Herrn Malte von der Heide.

Laura hat Pech

Kevin ist noch klein. Er ist vier Jahre alt und geht in den Kindergarten. Das Arbeitszimmer von seinem Vater liebt der kleine Junge ganz besonders. Vater ist Lehrer und hat dort einen großen Schreibtisch. Darauf steht der Computer und dort liegen Bücher, Hefte, Papier, Füller, Kugelschreiber, Filzstifte, Bleistifte und Radiergummis. Vater schreibt und korrigiert nämlich viel.

Eines Tages findet die Mutter Kevin auf dem Bürostuhl vor dem Schreibtisch. Er hat einen Füller in der Hand und schreibt mit wichtiger Miene. Sie fragt: „Was machst du denn?“ Der Junge antwortet: „Ich schreibe einen Brief an Laura.“ „Aber du kannst doch gar nicht schreiben!“ „Kein Problem, Laura kann auch nicht lesen.“

Beantworte mit ganzen Sätzen die Fragen zum Text:

1. Wie alt ist Kevin?

___

2. Was liebt Kevin?

___

3. Welchen Beruf hat der Vater von Kevin?

___

4. Was liegt auf dem Schreibtisch?

___

___

5. Wo findet die Mutter Kevin eines Tages?

___

6. Was schreibt Kevin?

___

7. Kann Kevin schreiben?

___

8. Kann Laura lesen?

___

Trage die fehlenden Wörter in den Text ein.

Diese Wörter musst du einsetzen:

Lehrer, noch, liebt, Bürostuhl, großen, schreibt, wichtiger, Jahre, Problem, Kindergarten, Brief, korrigiert, kannst, Computer, machst

Kevin ist ____________ klein. Er ist vier ___________ alt und geht in den ____________________. Das Arbeitszimmer von seinem Vater _________ der kleine Junge ganz besonders. Vater ist _____________ und hat dort einen ___________ Schreibtisch. Darauf steht der ________________ und dort liegen Bücher, Hefte, Papier, Füller, Kugelschreiber, Filzstifte, Bleistifte und Radiergummis. Vater ___________ und ___________ nämlich viel.

Eines Tages findet die Mutter Kevin auf dem ______________ vor dem Schreibtisch. Er hat einen Füller in der Hand und schreibt mit _____________ Miene. Sie fragt: „Was ___________ du denn?“ Der Junge antwortet: „Ich schreibe einen _______ an Laura.“ „Aber du __________ doch gar nicht schreiben!“ „Kein __________, Laura kann auch nicht lesen.“

Schneide die Textstreifen aus und klebe sie in der richtigen Reihenfolge wieder zusammen.

Kevin ist noch klein. Er ist vier Jahre alt und geht in den Kindergarten.

Darauf steht der Computer und dort liegen Bücher, Hefte, Papier, Füller, Kugelschreiber, Filzstifte, Bleistifte und Radiergummis. Vater schreibt und korrigiert nämlich viel.

Sie fragt: „Was machst du denn?“ Der Junge antwortet: „Ich schreibe einen Brief an Laura“.

Das Arbeitszimmer von seinem Vater liebt der kleine Junge ganz besonders. Vater ist Lehrer und hat dort einen großen Schreibtisch.

Laura hat Pech

„Aber du kannst doch gar nicht schreiben!“ „Kein Problem, Laura kann auch nicht lesen.“

Eines Tages findet die Mutter Kevin auf dem Bürostuhl vor dem Schreibtisch. Er hat einen Füller in der Hand und schreibt mit wichtiger Miene.

Welche rückwärts geschriebenen Gegenstände hat der Vater von Kevin in seinem Arbeitszimmer?

der IMMUGREIDAR ______________________

der RETUPMOC _________________ das HCUB ___________

der TFITSZLIF ______________ das TFEH __________

der RELLÜF ____________ das REIPAP ____________

der TFITSIELB ________________

der LHUTSORÜB ____________________

der HCSITBIERHCS ____________________

der REBIERHCSLEGUK _______________________

Finde diese elf Wörter und löse das Suchrätsel mithilfe der rückwärts geschriebenen Wörter. (→ ↓)

I	K	A	T	X	E	C	N	B	Z	Y	V	G	B	B	Y	T	Z	N	K	F
H	U	L	S	C	H	R	E	I	B	T	I	S	C	H	T	L	V	O	S	M
S	G	C	H	Y	A	Y	O	Z	F	V	H	P	K	R	L	K	B	Q	U	R
R	E	G	X	F	Ü	L	L	E	R	V	M	M	R	M	F	X	Ü	I	P	O
J	L	H	Q	I	S	N	U	D	C	P	Y	S	V	F	I	Q	R	Y	K	V
Q	S	O	P	M	B	U	C	H	N	D	M	T	U	K	L	R	O	Z	Y	N
J	C	C	D	B	O	T	W	J	K	U	A	R	K	L	Z	P	S	D	P	C
P	H	F	B	L	E	I	S	T	I	F	T	J	K	S	S	I	T	C	A	P
Y	R	T	Q	V	E	V	Q	X	J	Y	U	U	B	L	T	A	U	K	P	V
F	E	J	N	K	J	E	J	J	B	S	S	O	S	X	I	S	H	H	I	A
O	I	C	R	A	D	I	E	R	G	U	M	M	I	X	F	F	L	X	E	R
S	B	V	N	N	U	T	Y	H	A	L	R	E	U	R	T	V	P	M	R	I
R	E	V	K	F	B	H	E	O	O	Q	W	I	X	B	Q	H	Q	C	Z	H
C	R	Z	T	C	O	M	P	U	T	E	R	M	J	H	E	F	T	I	F	A
V	L	P	F	W	V	G	R	P	G	H	N	M	U	P	I	D	D	E	O	S

Laura hat Pech – Wörter suchen

Hinter den Kästchen sind 20 Substantive aus dem Text in Singular und Plural (Einzahl und Mehrzahl) versteckt. Finde sie.

der ______ der ______ das ______

der ______ die ______

die ______ der ______

der ______ die ______

die ______ der ______ der ______

die ______ die ______

der ______ der ______

das ______ das ______

der ______ die ______

Finde die fehlenden Wörter im Text und löse das Kreuzworträtsel.

Kevin liebt den

Kevin schreibt einen Brief an

Auf dem Schreibtisch steht der

Kevin kann nicht

Kevin ist vier alt.

Er liebt Vaters

Die Mutter findet Kevin auf dem

Kevin ist noch

Laura kann nicht

1	2	3	4	5	6	7	8	9

Das Lösungswort: !

Laura hat Pech – Sätze bilden im Präsens

Bilde Sätze mit den zwölf vorgegebenen Wörtern im Präsens.

der Kindergarten ______________________________

der Vater ______________________________

liegen ______________________________

der Schreibtisch ______________________________

vier ______________________________

der Computer ______________________________

schreiben ______________________________

der Füller ______________________________

klein ______________________________

haben ______________________________

der Lehrer ______________________________

lesen ______________________________

Niklas pflückt Kirschen

Heute lernt Niklas in der Schule die vier Jahreszeiten. Die Lehrerin sagt: „Die vier Jahreszeiten heißen Frühling, Sommer, Herbst und Winter. Im Frühling wird das Wetter warm. Die Tage werden wieder länger. Die Pflanzen fangen an zu wachsen. Die Blumen, die Büsche und die Bäume blühen. Im Sommer sind die Nächte kurz. Die Sonne brennt oft heiß vom Himmel. Nun reifen die Früchte auf dem Acker und im Garten. Im Laufe des Sommers ernten die Menschen die Früchte. Im Herbst wird es kühl. Es regnet viel und oft gibt es Sturm. Die bunten Blätter fallen von den Bäumen. Im Winter ist die Luft kalt. Nur selten scheint die Sonne. Es schneit und die Bäume sind kahl."

Die Lehrerin macht eine Pause und fragt Niklas: „Niklas, du hast bestimmt aufgepasst. Erkläre der Klasse, wann du am besten Kirschen pflückst."

Niklas überlegt kurz und antwortet: „Wenn mein Nachbar nicht daheim ist und seine Hunde nicht im Garten herumlaufen."

1. Was lernt Niklas heute in der Schule?

   ____

2. Wie heißen die vier Jahreszeiten?

   ____

3. Wie werden im Frühling die Tage?

   ____

4. Wie sind im Sommer die Nächte?

   ____

5. Wie wird es im Herbst?

   ____

6. Wie ist im Winter die Luft?

   ____

7. Wem soll Niklas erklären, wann er am besten Kirschen pflückt?

   ____

8. Wann pflückt Niklas die Kirschen?

   ____

   ____

Niklas pflückt Kirschen – Lückentext

Trage die fehlenden Wörter in den Text ein.

Diese Wörter musst du einsetzen:

Jahreszeiten, aufgepasst, Pause, Herbst, regnet, länger, Pflanzen, Nächte, Früchte, kurz, Nachbar, heiß, Wetter, Luft, ernten, Kirschen, scheint, bunten, Bäume, warm, blühen

Heute lernt Niklas in der Schule die vier ________________. Die Lehrerin sagt: „Die vier Jahreszeiten heißen Frühling, Sommer, ________ und Winter. Im Frühling wird das ____________ __________. Die Tage werden wieder ___________. Die ____________ fangen an zu wachsen. Die Blumen, die Büsche und die Bäume ___________. Im Sommer sind die ____________ kurz. Die Sonne brennt oft _________ vom Himmel. Nun reifen die ______________ auf dem Acker und im Garten. Im Laufe des Sommers ___________ die Menschen die Früchte. Im Herbst wird es kühl. Es ___________ viel und oft gibt es Sturm. Die ___________ Blätter fallen von den Bäumen. Im Winter ist die ________ kalt. Nur selten ________ die Sonne. Es schneit und die ___________ sind kahl.“

Die Lehrerin macht eine __________ und fragt Niklas:

„Niklas, du hast bestimmt _________________. Erkläre der Klasse, wann du am besten _____________ pflückst.“

Niklas überlegt ________ und antwortet: „Wenn mein ____________ nicht daheim ist und seine Hunde nicht im Garten herumlaufen.“

Schneide die Textstreifen aus und klebe sie in der richtigen Reihenfolge wieder zusammen.

Die Lehrerin macht eine Pause und fragt Niklas: „Niklas, du hast bestimmt aufgepasst. Erkläre der Klasse, wann du am besten Kirschen pflückst."

Im Frühling wird das Wetter warm. Die Tage werden wieder länger. Die Pflanzen fangen an zu wachsen. Die Blumen, die Büsche und die Bäume blühen.

Niklas überlegt kurz und antwortet: „Wenn mein Nachbar nicht daheim ist und seine Hunde nicht im Garten herumlaufen."

Im Sommer sind die Nächte kurz. Die Sonne brennt oft heiß vom Himmel. Nun reifen die Früchte auf dem Acker und im Garten. Im Laufe des Sommers ernten die Menschen die Früchte.

Niklas pflückt Kirschen

Heute lernt Niklas in der Schule die vier Jahreszeiten. Die Lehrerin sagt: „Die vier Jahreszeiten heißen Frühling, Sommer, Herbst und Winter.

Im Herbst wird es kühl. Es regnet viel und oft gibt es Sturm. Die bunten Blätter fallen von den Bäumen. Im Winter ist die Luft kalt. Nur selten scheint die Sonne. Es schneit und die Bäume sind kahl."

Niklas pflückt Kirschen – Wörter suchen

Finde und schreibe die Namen der vier Jahreszeiten.

R S H E B T	L I F H R N Ü G	T N I R E W	R M O E S M
der ____________	der ____________	der ____________	der ____________

Lies die Sätze und schreibe die passende Jahreszeit dazu.

Es regnet viel und oft gibt es Sturm. Die bunten Blätter fallen von den Bäumen.	Es ist der ______________________.
Die Nächte sind kurz. Die Sonne brennt oft heiß vom Himmel.	Es ist der______________________.
Die Sonne scheint selten. Es schneit und die Bäume sind kahl.	Es ist der ______________________.
Die Tage werden länger. Die Pflanzen fangen an zu wachsen.	Es ist der ______________________.

Niklas pflückt Kirschen – Kreuzworträtsel

Hier haben sich 15 Substantive (Hauptwörter) aus dem Text versteckt. Finde sie und löse das Kreuzworträtsel.

Die Lösung:

Es ist schön, wenn [1 2 3] [4 5 6 7 8] [9 10 11 12 13 14 15]!

B. Jaglarz/G. Bemmerlein: Einfache Texte lesen und verstehen

Niklas pflückt Kirschen – Jahreszeiten nach Beschreibung malen

Wie hat die Lehrerin die vier Jahreszeiten beschrieben? Male sie.

der Frühling	
der Sommer	
der Herbst	
der Winter	

SMS aus Hamburg

Das neue Schuljahr beginnt gut. Die Klasse 7c ist auf Klassenfahrt in Hamburg. Die große Stadt gefällt den Schülern. Am Abend grillt die Klasse Würstchen. Benni verbrennt sich dabei die Finger.

Jetzt will er seiner Familie eine SMS schicken. Aber mit Brandblasen an den Fingern tut ihm das Schreiben weh. Er sagt zu Tom: „Ich gebe dir mein Handy, bitte tippe du für mich." „Gut, fang an", meint Tom. Er klappt Bennis Handy auf und wartet. Benni diktiert: „Habe mir die rechte Hand etwas verbrannt. Sonst geht es mir gut. Ich küsse euch, Mutter, Vater, Opa Jürgen, Oma Kerstin, Oma Ulla, Kevin, …"

„He!", protestiert Tom, „ich habe keine Lust, deine Familie einzeln ins Handy zu tippen. Sag doch kurz und einfach: Ich küsse euch alle. Dann muss ich nicht endlos schreiben und wir sind bald mit der SMS fertig." Da entgegnet Benni: „Bist du wahnsinnig? Soll vielleicht meine blöde Schwester Sonja denken, ich küsse sie auch?"

Beantworte mit ganzen Sätzen die Fragen zum Text:

1. Wie beginnt das neue Schuljahr?

   ____

2. Wo ist die Klasse 7c auf Klassenfahrt?

   ____

3. Was macht die Klasse am Abend?

   ____

4. Wer verbrennt sich beim Grillen die Finger?

   ____

5. Was will Benni seiner Familie schicken?

   ____

6. Wer tippt den Text für Benni?

   ____

7. Wen von der Familie küsst Benni in der SMS?

   ____

8. Wen möchte er nicht küssen?

   ____

SMS aus Hamburg – Lückentext

Trage die fehlenden Wörter in den Text ein.

Diese Wörter musst du einsetzen:

Finger, Schwester, gefällt, küsse, Schuljahr, gebe, protestiert, will, kurz, wahnsinnig, weh, Hand, SMS, einfach, Handy, Klassenfahrt, Lust, muss

SMS aus Hamburg

Das neue ______________ beginnt gut. Die Klasse 7c ist auf _________________ in Hamburg. Die große Stadt ____________ den Schülern. Am Abend grillt die Klasse Würstchen. Benni verbrennt sich dabei die ___________.

Jetzt ________ er seiner Familie eine SMS schicken. Aber mit Brandblasen an den Fingern tut ihm das Schreiben _______. Er sagt zu Tom: „Ich _______ dir mein Handy, bitte tippe du für mich." „Gut, fang an", meint Tom. Er klappt Bennis ___________ auf und wartet. Benni diktiert: „Habe mir die rechte ___________ etwas verbrannt. Sonst geht es mir gut. Ich __________ euch, Mutter, Vater, Opa Jürgen, Oma Kerstin, Oma Ulla, Kevin, …"

„He!", ____________________ Tom, „ich habe keine ___________, deine Familie einzeln ins Handy zu tippen. Sag doch _________ und ______________: Ich küsse euch alle. Dann ____________ ich nicht endlos schreiben und wir sind bald mit der __________ fertig." Da entgegnet Benni: „Bist du ________________? Soll vielleicht meine blöde _________________ Sonja denken, ich küsse sie auch?"

Schneide die Textstreifen aus und klebe sie in der richtigen Reihenfolge wieder zusammen.

Benni verbrennt sich dabei die Finger. Jetzt will er seiner Familie eine SMS schicken. Aber mit Brandblasen an den Fingern tut ihm das Schreiben weh.

Sag doch kurz und einfach: „Ich küsse euch alle. Dann muss ich nicht endlos schreiben und wir sind bald mit der SMS fertig.“

Er sagt zu Tom: „Ich gebe dir mein Handy, bitte tippe du für mich“. „Gut, fang an“, meint Tom. Er klappt Bennis Handy auf und wartet.

Das neue Schuljahr beginnt gut. Die Klasse 7c ist auf Klassenfahrt in Hamburg. Die große Stadt gefällt den Schülern. Am Abend grillt die Klasse Würstchen.

Benni diktiert: „Habe mir die rechte Hand etwas verbrannt. Sonst geht es mir gut. Ich küsse euch, Mutter, Vater, Opa Jürgen, Oma Kerstin, Oma Ulla, Kevin, …“

Da entgegnet Benni: „Bist du wahnsinnig? Soll vielleicht meine blöde Schwester Sonja denken, ich küsse sie auch?“

SMS aus Hamburg

„He!“, protestiert Tom, „ich habe keine Lust deine Familie einzeln ins Handy zu tippen.“

SMS aus Hamburg – Was gehört zusammen?

Trage die Zahlen richtig ein:

1	Er will der Familie		grillt die Klasse Würstchen.
2	Die große Stadt		ist auf Klassenfahrt.
3	Benni verbrennt sich		und tippt den Text.
4	Der Text ist zu lang,		beginnt ganz gut.
5	Das neue Schuljahr		die Finger.
6	Tom hilft ihm		deshalb protestiert Tom.
7	Die Klasse 7c		gefällt den Schülern.
8	Am Abend		eine SMS schicken.

Schreibe nun die ganzen Sätze.

1 ____

2 ____

3 ____

4 ____

5 ____

6 ____

7 ____

8 ____

Welche zwölf Substantive aus dem Text sind rückwärts geschrieben?

die DNAH ________

die AMO ______

der RETAV ___________

das RHAJLUHCS ____________________

die RETSEWHCS ____________________

das NEHCTSRÜW ____________________

das YDNAH ___________

der APO ______

die RETTUM _____________

der REGNIF _____________

die EILIMAF _______________

die ESSALK _____________

Finde diese zwölf Wörter und löse das Suchrätsel mithilfe der rückwärts geschriebenen Wörter. (→ ↓)

Y	A	Z	X	H	E	Q	I	H	R	H	I	L	E	X	U	F	E	R	K	I	I	V
C	N	J	G	K	L	A	S	S	E	M	F	M	C	M	J	O	S	A	L	X	P	H
P	S	J	O	M	K	P	J	E	E	G	W	H	S	C	H	U	L	J	A	H	R	Q
P	C	B	R	M	K	D	D	O	J	G	Ü	C	M	D	Q	W	E	Q	U	P	O	R
R	H	C	G	U	E	W	D	M	E	X	R	H	H	M	I	H	A	N	D	F	F	G
S	W	G	J	T	V	W	X	A	F	S	S	A	A	O	K	Y	V	P	N	U	O	U
I	E	Q	T	T	I	C	R	D	N	T	T	C	N	T	C	H	W	S	L	F	W	D
G	S	P	W	E	I	W	P	I	F	L	C	R	D	U	T	P	Q	C	V	T	W	N
R	T	J	M	R	T	T	F	E	V	V	H	G	Y	G	X	B	A	M	A	S	Z	P
R	E	S	P	U	P	D	I	F	B	V	E	G	G	V	E	K	J	T	T	Y	G	W
M	R	H	F	A	M	I	L	I	E	S	N	N	I	B	X	E	X	K	E	X	G	U
X	F	Q	L	V	N	C	W	Q	H	A	Q	S	N	U	T	W	B	V	R	I	G	N
P	N	X	C	L	G	R	T	O	D	J	E	R	Q	R	G	M	E	U	P	A	Q	X
Y	U	K	S	A	I	F	R	P	T	T	F	I	N	G	E	R	X	G	O	M	B	C
X	C	L	X	U	U	R	A	A	F	O	B	D	D	G	T	H	R	Q	U	G	H	J
J	O	D	H	Y	S	X	W	N	R	K	S	A	H	J	N	N	V	B	L	P	Y	K

Zeige die Familie von Benni, trage richtig ein:

Bennis Familie:

Oma Kerstin, Kevin, Vater, Sonja, Opa Jürgen, Oma Ulla, Mutter, Benni

die Großeltern

die Eltern

die Kinder

Zeige genauso deine Familie.

Meine Familie:

Schreibe eine kurze SMS mit den vorgegebenen Wörtern.

grillen	
die Stadt	
die Finger	
die Würstchen	
küssen	
Tom	

Gehen Sie an die frische Luft

Herr Krämer fühlt sich nicht wohl. Er geht zu einem Arzt und lässt sich untersuchen.
Nun sitzt er im Sprechzimmer von Herrn Dr. Spee. Der Arzt untersucht seinen Patienten gründlich. Dann sagt er: „So ist das heute mit den modernen Berufen“. „Die Menschen sitzen meistens am Schreibtisch vor dem Computer. Sie haben zu wenig Bewegung und kommen kaum aus dem Haus. Sie treiben selten Sport und haben sehr viel Stress.
Ich kann Ihnen aber helfen. Ich werde ihnen keine Medikamente verschreiben! Gehen Sie jeden Tag mindestens zwei Stunden lang im Wald spazieren. Atmen Sie die gesunde Luft und entspannen Sie sich.“
„Na gut“, fragt Herr Krämer, „wann soll ich denn spazieren gehen? Vor oder nach der Arbeit?“ „Welchen Beruf haben Sie denn?“, erkundigt sich der Arzt. „Ich bin Förster, Herr Doktor.“

Beantworte mit ganzen Sätzen die Fragen zum Text:

1. Wie fühlt sich Herr Krämer?

   ____

2. Wo sitzen die meisten Menschen mit modernen Berufen?

   ____

3. Wie leben diese Menschen?

   ____

   ____

4. Welche Medikamente verschreibt Dr. Spee Herrn Krämer?

   ____

5. Wohin soll Herr Krämer jeden Tag gehen?

   ____

6. Was soll er im Wald tun?

   ____

7. Welchen Beruf hat Herr Krämer?

   ____

8. Was meinst du? Was macht ein Förster beruflich?

   ____

Trage die fehlenden Wörter in den Text ein.

Diese Wörter musst du einsetzen:

modernen, mindestens, wohl, Sport, Sprechzimmer, Beruf, gründlich, meistens, nach, spazieren, bin, Bewegung, Arzt, aus, kann, Medikamente, Luft, sagt

Gehen Sie an die frische Luft

Herr Krämer fühlt sich nicht _________. Er geht zu einem _________ und lässt sich untersuchen.

Nun sitzt er im ______________________ von Herrn Dr. Spee. Der Arzt untersucht seinen Patienten _________________. Dann _________ er: „So ist das heute mit den _______________ Berufen“. „Die Menschen sitzen ______________ am Schreibtisch vor dem Computer. Sie haben zu wenig __________________ und kommen kaum _______ dem Haus. Sie treiben selten __________ und haben sehr viel Stress. Ich ________ ihnen aber helfen. Ich werde ihnen keine ___________________ verschreiben! Gehen Sie jeden Tag ___________________ zwei Stunden lang im Wald spazieren. Atmen Sie die gesunde ________ und entspannen Sie sich.“

„Na gut“, fragt Herr Krämer, „wann soll ich denn __________________ gehen? Vor oder ________ der Arbeit?“ „Welchen __________ haben Sie denn?“, erkundigt sich der Arzt. „Ich ______ Förster, Herr Doktor.“

Gehen Sie an die frische Luft – Textstreifen

Schneide die Textstreifen aus und klebe sie in der richtigen Reihenfolge wieder zusammen.

Dann sagt er: „So ist das heute mit den modernen Berufen“. „Die Menschen sitzen meistens am Schreibtisch vor dem Computer.“

Herr Krämer fühlt sich nicht wohl. Er geht zu einem Arzt und lässt sich untersuchen.

Ich kann ihnen aber helfen. Ich werde ihnen keine Medikamente verschreiben! Gehen Sie jeden Tag mindestens zwei Stunden lang im Wald spazieren. Atmen Sie die gesunde Luft und entspannen Sie sich.“

Gehen Sie an die frische Luft

„Welchen Beruf haben Sie denn?“, erkundigt sich der Arzt. „Ich bin Förster, Herr Doktor.“

Sie haben zu wenig Bewegung und kommen kaum aus dem Haus. Sie treiben selten Sport und haben sehr viel Stress.

„Na gut“, fragt Herr Krämer, „wann soll ich denn spazieren gehen? Vor oder nach der Arbeit?“

Nun sitzt er im Sprechzimmer von Herrn Dr. Spee. Der Arzt untersucht seinen Patienten gründlich.

Gehen Sie an die frische Luft – Wörter suchen

Welche Wörter aus dem Text (Substantive) sind hier rückwärts geschrieben?

der HCSITBIERHCS ______________________

der RETUPMOC ______________

die TFUL ______

die GNUGEWEB ______________

das FUREB ________

das REMMIZHCERPS ____________

der TZRA ________

der SSERTS __________

der ROTKOD __________

der TNEITAP __________

die ETNEMAKIDEM __________________

der RETSRÖF ________

Finde diese Wörter im Suchrätsel. (→ ↓)

E	G	V	W	R	I	D	D	S	R	F	Z	F	K	Y	K	P	J	H	Y	U	Q	P
D	S	F	D	I	X	N	M	U	P	V	H	B	E	W	E	G	U	N	G	O	S	S
B	C	O	S	T	R	E	S	S	T	L	I	S	E	I	R	E	F	V	K	H	P	U
C	H	T	U	B	S	G	L	I	Y	Y	G	C	J	F	J	F	X	T	D	K	R	X
F	R	D	K	T	S	X	F	C	O	M	P	U	T	E	R	C	I	F	I	W	E	J
O	E	O	S	Y	L	J	B	Y	G	C	J	V	T	S	L	P	X	N	C	V	C	J
Y	I	X	B	W	U	J	A	I	T	D	K	N	V	D	S	P	B	B	E	H	H	B
V	B	S	L	V	F	Z	R	R	T	V	M	Q	S	J	D	K	E	A	U	T	Z	V
Y	T	M	L	K	T	K	Z	F	P	A	T	I	E	N	T	K	R	H	N	K	I	C
G	I	Z	Q	U	I	F	T	P	H	Q	J	U	L	V	S	V	U	L	M	R	M	N
B	S	P	G	D	H	V	J	X	U	F	T	R	G	M	Q	G	F	X	E	W	M	J
B	C	K	Y	M	E	D	I	K	A	M	E	N	T	E	R	L	O	A	R	G	E	T
R	H	F	L	C	R	B	G	J	Y	S	G	K	N	I	D	N	Y	Q	G	G	R	X
L	M	L	D	O	K	T	O	R	O	O	G	L	F	Ö	R	S	T	E	R	U	L	R
V	L	V	B	T	N	C	A	Q	K	R	T	R	L	Q	Z	W	Q	W	B	E	P	H

Gehen Sie an die frische Luft – richtig oder falsch?

Welcher Satz ist richtig? Kreuze an.

		richtig	falsch
1.	Herr Krämer fühlt sich wohl.	B	D
2.	Er geht zu einem Arzt.	E	A
3.	Der Arzt untersucht ihn gründlich.	R	P
4.	Die Menschen sitzen oft am Schreibtisch.	K	M
5.	Die Menschen haben viel Bewegung.	B	L
6.	Die Menschen treiben oft Sport.	O	U
7.	Die Menschen haben wenig Stress.	W	G
8.	Dr. Spee kann dem Patienten helfen.	E	A
9.	Der Arzt verschreibt Herrn Krämer einige Medikamente.	C	A
10.	Herr Krämer soll jede Woche im Wald spazieren.	P	R
11.	Er soll die gesunde Luft atmen.	Z	S
12.	Herr Krämer ist von Beruf Lehrer.	U	T

Die Lösung:

	1	2	3	4	5	6	7	8	9	10	11	12
Da staunte aber												

Die Aufgaben des Försters: Was ist richtig? Kreuze an.

	richtig	falsch
1. Tiere füttern.	P	G
2. Brötchen backen.	O	A
3. Bäume pflanzen.	T	F
4. Waldbrand löschen.	I	E
5. Schuhe putzen.	R	E
6. Spaziergänger belehren.	N	I
7. Tiere jagen.	T	E

Das Lösungswort:

		1	2	3	4	5	6
der	**P**						

Male den Förster bei der Arbeit.

Gehen Sie an die frische Luft – Sätze bilden im Präsens

Bilde Sätze mit den vorgegebenen zwölf Wörtern im Präsens.

1. der Arzt ______________________________

2. der Schreibtisch ______________________________

3. sich fühlen ______________________________

4. der Wald ______________________________

5. gehen ______________________________

6. untersuchen ______________________________

7. der Förster ______________________________

8. gesund ______________________________

9. der Computer ______________________________

10. sitzen ______________________________

11. verschreiben ______________________________

12. das Haus ______________________________

Die beste Werbung

Herr Wagner ist Frisör. Er hat am Marktplatz der Stadt seinen Salon. Zu ihm kommen nur wenige Kunden. Aber der Frisör hat eine Idee. Er kauft sich für die Tür ein neues Schild. Auf das Schild lässt er schreiben: „Herr Wagner, der beste Frisör der Stadt.“ Drei Häuser weiter arbeitet sein Kollege, Herr Mayer. Einige Tage später lesen die

Kunden an der Tür seines Frisörladens auch ein Schild: „Herr Mayer, der beste Frisör Deutschlands.“

Auch ein dritter Frisör hat sein Geschäft am Markt: Er schreibt vor seinen Frisörsalon: „Herr Schmitt, der beste Frisör der Welt.“

Bald darauf zieht ein neuer Frisör, Herr Stein, in die Stadt. Sein Freund warnt ihn: „Eröffne deinen Salon nicht am Markt. Dort arbeiten schon drei Frisöre. Und jeder von ihnen meint, besser zu sein als die anderen.“ Herr Stein aber sagt: „Nicht schlecht, genau dort mache ich meinen Salon auf.“ Eine Woche darauf eröffnet Herr Stein am Markt den neuen Frisörladen. An der Tür hängt auch bei ihm ein Schild. Darauf steht: „Herr Stein, der beste Frisör am Marktplatz“. Da lachen die Leute über den schlauen Frisör. Schnell hat Herr Stein die meisten Kunden.

Beantworte mit ganzen Sätzen die Fragen zum Text:

1. Wo hat Herr Wagner seinen Salon?

____

2. Wie viele Kunden kommen zu ihm?

____

3. Was lässt Herr Wagner auf das Schild schreiben?

____

4. Was lesen die Kunden auf dem Schild von Herrn Mayer?

____

5. Was schreibt Herr Schmitt vor seinen Friseurladen?

____

6. Wer zieht bald darauf in die Stadt?

____

7. Was steht auf dem Schild von Herrn Stein?

____

8. Welcher Frisör hat jetzt die meisten Kunden?

____

Die beste Werbung – Lückentext

Trage die fehlenden Wörter in den Text ein.

Diese Wörter musst du einsetzen:

Woche, jeder, Geschäft, beste, schlecht, Leute, neues, Marktplatz, drei, Kunden, meisten, Stadt, hängt, später, Frisör, lässt, Salon, weiter

Herr Wagner ist Frisör. Er hat am ________________ der Stadt seinen Salon. Zu ihm kommen nur wenige _____________. Aber der Frisör hat eine Idee. Er kauft sich für die Tür ein __________ Schild. Auf das Schild __________ er schreiben: „Herr Wagner, der _________ Frisör der Stadt."

Drei Häuser _______________ arbeitet sein Kollege, Herr Mayer. Einige Tage __________ lesen die Kunden an der Tür seines Frisörladens auch ein Schild: „Herr Mayer, der beste _________ Deutschlands."

Auch ein dritter Frisör hat sein ______________ am Markt: Er schreibt vor seinen Frisörsalon: „Herr Schmitt, der beste Frisör der Welt."

Bald darauf zieht ein neuer Frisör, Herr Stein, in die ____________. Sein Freund warnt ihn: „Eröffne deinen _____________ nicht am Markt. Dort arbeiten schon ______ Frisöre. Und _______ von ihnen meint, besser zu sein als die anderen." Herr Stein aber sagt: „Nicht ____________, genau dort mache ich meinen Salon auf." Eine ____________ darauf eröffnet Herr Stein am Markt den neuen Frisörladen. An der Tür __________ auch bei ihm ein Schild. Darauf steht: „Herr Stein, der beste Frisör am Marktplatz". Da lachen die _________ über den schlauen Frisör. Schnell hat Herr Stein die ____________ Kunden.

Die beste Werbung – Textstreifen

Schneide die Textstreifen aus und klebe sie in der richtigen Reihenfolge wieder zusammen.

Herr Stein aber sagt: „Nicht schlecht, genau dort mache ich meinen Salon auf." Eine Woche darauf eröffnet Herr Stein am Markt den neuen Frisörladen.

Er kauft sich für die Tür ein neues Schild. Auf das Schild lässt er schreiben: „Herr Wagner, der beste Frisör der Stadt."

Auch ein dritter Frisör hat sein Geschäft am Markt: Er schreibt vor seinen Frisörsalon: „Herr Schmitt, der beste Frisör der Welt."

Drei Häuser weiter arbeitet sein Kollege, Herr Mayer. Einige Tage später lesen die Kunden an der Tür seines Frisörladens auch ein Schild: „Herr Mayer, der beste Frisör Deutschlands."

Die beste Werbung

An der Tür hängt auch bei ihm ein Schild. Darauf steht: „Herr Stein, der beste Frisör am Marktplatz". Da lachen die Leute über den schlauen Frisör. Schnell hat Herr Stein die meisten Kunden.

Herr Wagner ist Frisör. Er hat am Marktplatz der Stadt seinen Salon. Zu ihm kommen nur wenige Kunden. Aber der Frisör hat eine Idee.

Bald darauf zieht ein neuer Frisör in die Stadt. Sein Freund warnt ihn: „Eröffne deinen Salon nicht am Markt. Dort arbeiten schon drei Frisöre. Und jeder von ihnen meint, besser zu sein als die anderen."

Die beste Werbung – Wörter suchen

Hinter den Kästchen sind 18 Substantive (Singular und Plural) aus dem Text versteckt. Finde sie.

die

das

der

die

die

die

der

der

die

der

die

der

das

die

die

der

die

der

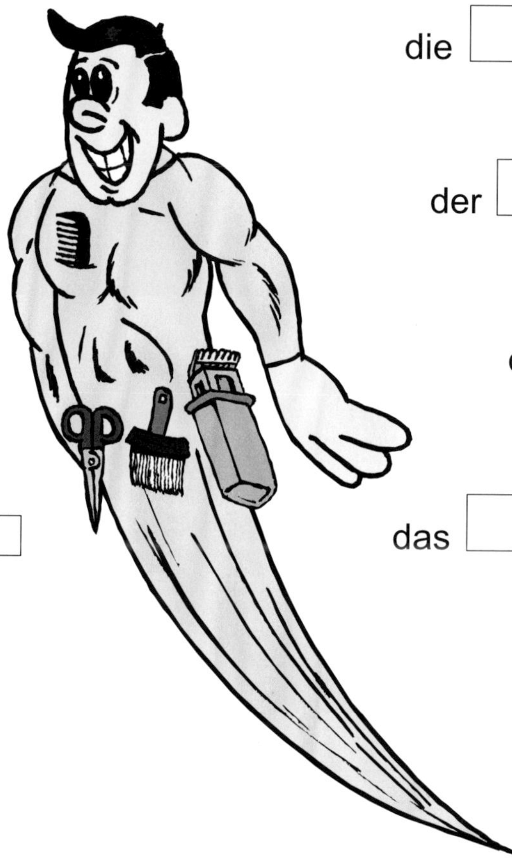

der

Die beste Werbung – richtig oder falsch?

Welcher Satz ist richtig? Kreuze an.

		richtig	falsch
1.	Herr Wagner ist Apotheker.	B	D
2.	Er hat am Marktplatz seinen Salon.	E	A
3.	Zu ihm kommen viele Kunden.	P	R
4.	Er hat eine Idee.	K	M
5.	Er kauft sich für das Fenster ein neues Schild.	S	L
6.	Drei Häuser weiter arbeitet sein Kollege.	U	O
7.	Einige Tage später lesen die Kunden auch ein Schild.	G	P
8.	Er schreibt: „Herr Schmidt, der beste Apotheker der Welt!"	I	E
9.	Bald darauf zieht Herr Stein in die Stadt.	F	G
10.	Ein Freund warnt Herrn Stein.	R	S
11.	Am Markt arbeiten schon vier Frisöre.	A	I
12.	Eine Woche darauf eröffnet Herr Stein am Markt den neuen Frisörladen.	S	P
13.	Die Leute lachen über den schlauen Frisör.	Ö	Ä
14.	Schnell hat Herr Wagner die meisten Kunden.	W	R

Die Lösung:

	1	2	3		4	5	6	7	8		9	10	11	12	13	14
gewonnen hat																

Bilde Sätze mit den acht angegebenen Wortpaaren im Präsens.

1. SALON HABEN
2. LEUTE LACHEN
3. FRISÖR SEIN
4. IDEE HABEN
5. SCHILD HÄNGEN
6. KUNDEN KOMMEN
7. GESCHÄFT HABEN
8. FRISÖRSALON ÖFFNEN

1. ______________________________

2. ______________________________

3. ______________________________

4. ______________________________

5. ______________________________

6. ______________________________

7. ______________________________

8. ______________________________

Die Gebrauchsanweisung

Herr Stolz ist krank. Er hat Fieber, Kopfschmerzen, starken Schnupfen, Husten und Halsschmerzen. Frau Stolz ruft den Hausarzt an und bittet um einen Besuch.
Am Abend kommt der Arzt und untersucht den Kranken gründlich. „Machen Sie den Oberkörper frei! So, jetzt atmen Sie tief! Husten Sie bitte!" Er misst ihm die Temperatur und den Blutdruck. „Oh, das ist ja hohes Fieber!", sagt er. Dann verschreibt er ihm Tabletten, eine Salbe und einen Hustensaft.

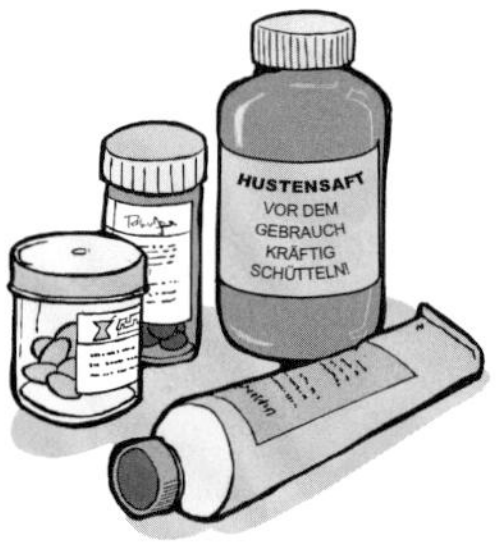

„Alles nicht so schlimm, Herr Stolz", sagt der Arzt. „Nehmen Sie den Hustensaft dreimal täglich vor dem Essen und die Tabletten nach dem Essen. Trinken Sie viel und bleiben Sie im Bett. Ich wünsche Ihnen gute Besserung."
Nach zwei Tagen kommt der Arzt wieder, um nach Herrn Stolz zu sehen. An der Haustür hört er lautes Schreien. „Oh, Herrn Stolz muss es aber schlecht gehen", denkt der Arzt. Er klingelt an der Tür und als niemand öffnet, macht er die Tür selbst auf. Schnell geht er ins Schlafzimmer. Dort schütteln Frau Stolz und eine Nachbarin mit aller Kraft den Kranken hin und her.
Erstaunt fragt der Arzt: „Aber was ist denn hier los?" „Er muss jetzt den Hustensaft nehmen", erklärt Frau Stolz. „Aber deshalb brauchen Sie doch Ihren Mann nicht zu schütteln", entgegnet der Arzt. „Doch, Herr Doktor. Schauen Sie bitte auf die Aufschrift: Vor dem Gebrauch kräftig schütteln."

Beantworte mit ganzen Sätzen die Fragen zum Text:

1. Was hat Herr Stolz?

   ____

2. Wen ruft Frau Stolz an?

   ____

3. Was verschreibt der Arzt Herrn Stolz?

   ____

4. Wann kommt der Arzt wieder?

   ____

5. Was hört er an der Haustür?

   ____

6. Was machen Frau Stolz und eine Nachbarin?

   ____

7. Was soll Herr Stolz tun?

   ____

8. Warum schütteln Frau Stolz und eine Nachbarin den Kranken hin und her?

   ____

Die Gebrauchsanweisung – Lückentext

Trage die fehlenden Wörter in den Text ein.

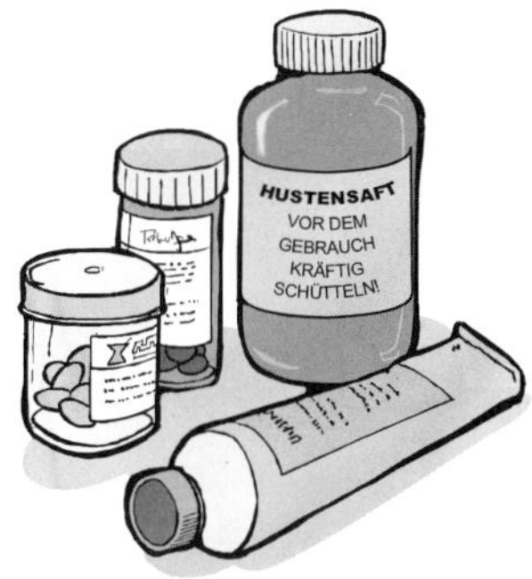

Diese Wörter musst du einsetzen:

erstaunt, Schreien, Oberkörper, verschreibt, Arzt, Tür, Schnupfen, atmen, Kraft, schlecht, Hausarzt, bleiben, krank, Besserung, los, untersucht, misst, täglich, wieder, Gebrauch, Schlafzimmer, schütteln, nehmen

Die Gebrauchsanweisung

Herr Stolz ist __________. Er hat Fieber, Kopfschmerzen, starken ________________, Husten und Halsschmerzen. Frau Stolz ruft den ________________ an und bittet um einen Besuch.

Am Abend kommt der Arzt und ________________ den Kranken gründlich. „Machen Sie den ________________ frei! So, jetzt ___________ Sie tief! Husten Sie bitte!“ Er __________ ihm die Temperatur und den Blutdruck. „Oh, das ist ja hohes Fieber!“, sagt er. Dann ________________ er ihm Tabletten, eine Salbe und einen Hustensaft. „Alles nicht so schlimm, Herr Stolz“, sagt der ________. „Nehmen Sie den Hustensaft dreimal ____________ vor dem Essen und die Tabletten nach dem Essen. Trinken Sie viel und ____________ Sie im Bett. Ich wünsche Ihnen gute ________________.“

Nach zwei Tagen kommt der Arzt ____________, um nach Herrn Stolz zu sehen. An der Haustür hört er lautes ________________. „Oh, Herrn Stolz muss es aber ____________ gehen“, denkt der Arzt. Er klingelt an der Tür und als niemand öffnet, macht er die ______ selbst auf. Schnell geht er ins ________________. Dort schütteln Frau Stolz und eine Nachbarin mit aller __________ den Kranken hin und her. ______________ fragt der Arzt: „Aber was ist denn hier ______?“ „Er muss jetzt den Hustensaft ____________“, erklärt Frau Stolz. „Aber deshalb brauchen Sie doch Ihren Mann nicht zu ________________“, entgegnet der Arzt. „Doch, Herr Doktor. Schauen Sie bitte auf die Aufschrift: Vor dem _________________ kräftig schütteln.“

Die Gebrauchsanweisung – Textstreifen

Schneide die Textstreifen aus und klebe sie in der richtigen Reihenfolge wieder zusammen.

Er klingelt an der Tür und als niemand öffnet, macht er die Tür selbst auf. Schnell geht er ins Schlafzimmer. Dort schütteln Frau Stolz und eine Nachbarin mit aller Kraft den Kranken hin und her.

Nach zwei Tagen kommt der Arzt wieder, um nach Herrn Stolz zu sehen. An der Haustür hört er lautes Schreien. „Oh, Herrn Stolz muss es aber schlecht gehen“, denkt der Arzt.

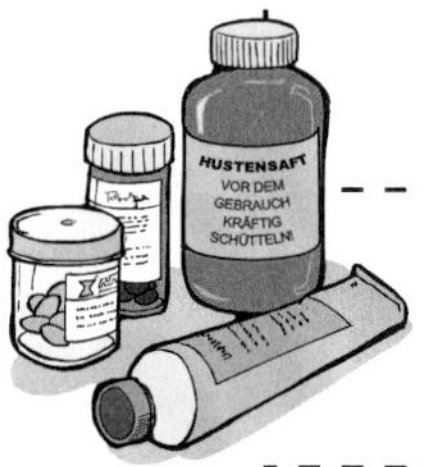

Die Gebrauchsanweisung

„Oh, das ist ja hohes Fieber!“, sagt er. Dann verschreibt er ihm Tabletten, eine Salbe und einen Hustensaft.

Herr Stolz ist krank. Er hat Fieber, Kopfschmerzen, starken Schnupfen, Husten und Halsschmerzen. Frau Stolz ruft den Hausarzt an und bittet um einen Besuch.

„Aber deshalb brauchen Sie doch Ihren Mann nicht zu schütteln“, entgegnet der Arzt. „Doch, Herr Doktor. Schauen Sie bitte auf die Aufschrift: Vor dem Gebrauch kräftig schütteln.“

„Alles nicht so schlimm, Herr Stolz“, sagt der Arzt. „Nehmen Sie den Hustensaft dreimal täglich vor dem Essen und die Tabletten nach dem Essen. Trinken Sie viel und bleiben Sie im Bett. Ich wünsche Ihnen gute Besserung.“

Erstaunt fragt der Arzt: „Aber was ist denn hier los?“ „Er muss jetzt den Hustensaft nehmen“, erklärt Frau Stolz.

Am Abend kommt der Arzt und untersucht den Kranken gründlich. „Machen Sie den Oberkörper frei! So, jetzt atmen Sie tief! Husten Sie bitte!“ Er misst ihm die Temperatur und den Blutdruck.

Welche Beschwerden hat Herr Stolz? Finde sie und schreibe.

S N L A M Z S
R H C E H E

E S N
H U T

M R K E H
S C F
O E P N Z

_______________ _______________ _______________

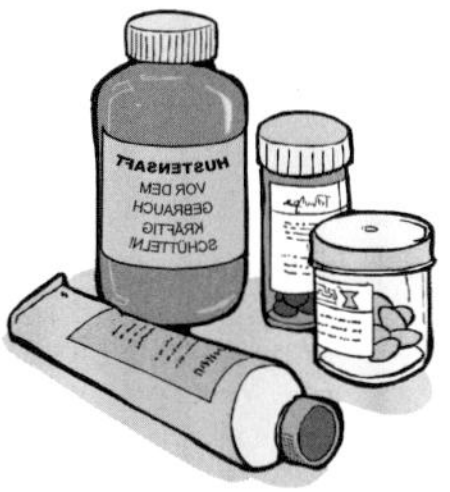

E E B
R I F

P E H N F
N U S C

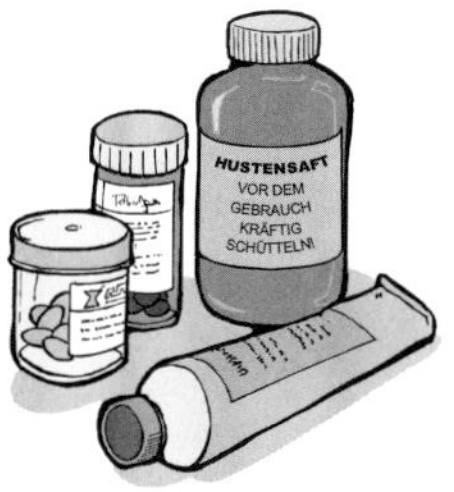

_______________ _______________

Was macht der Hausarzt? Kreuze an:

		richtig	falsch
1.	Er schüttelt den Kranken hin und her.	B	H
2.	Er verschreibt die Tabletten.	A	E
3.	Er kommt am Nachmittag.	P	U
4.	Er kocht dem Kranken Tee.	K	S
5.	Er untersucht Herrn Stolz gründlich.	A	L
6.	Er misst ihm die Temperatur.	R	O
7.	Er geht schnell ins Wohnzimmer.	G	Z
8.	Er wünscht gute Besserung.	T	E

Die Lösung:

Jeder Mensch braucht einen

1	2	3	4	5	6	7	8
H							

Finde die fehlenden Wörter im Text und löse das Kreuzworträtsel.

Herr Stolz hat ____________

Das ist ja hohes ______!"

Der Arzt misst den ________

Der Arzt geht schnell ins ____________

Der Arzt untersucht den ______

Frau Stolz ruft den ________ an.

Der Arzt misst die __________

„Ich wünsche Ihnen gute ________"

Herr Stolz hat starken ________

Der Arzt verschreibt die ________

„Machen Sie den __________ frei!"

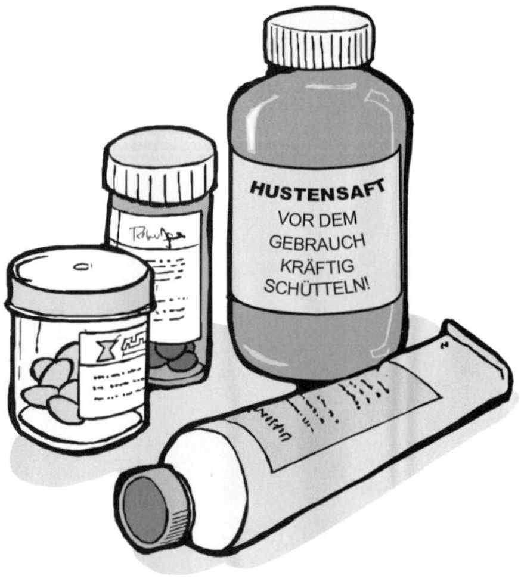

Die Lösung:

1	2	3	4	5	6	7	8	9	10	11

Herr Stolz muss die ____________ nehmen.

Die Gebrauchsanweisung – Sätze bilden im Präsens

Bilde Sätze im Präsens mit den folgenden Verben aus dem Text.

1. ______________________________

2. ______________________________

3. ______________________________

4. ______________________________

5. ______________________________

6. ______________________________

7. ______________________________

8. ______________________________

9. ______________________________

10. ______________________________

11. ______________________________

Der erste Kunde

Frau Meisner ist Architektin. Lange arbeitete sie als Angestellte. Endlich hatte sie genug Geld um ein eigenes Architekturbüro zu eröffnen. Eine Baufirma renovierte das Büro und brachte für Frau Meisner neue Möbel und Geräte.

Am ersten Tag saß die Architektin in Ihrem Büro vor dem modernen Schreibtisch und wartete. „Wenigstens ein einziger Kunde“, dachte sie. Aber es kam kein Kunde. Stattdessen klingelte der Gärtner und lieferte Pflanzen für die Fenster. Später kam der Postbote. Aber er brachte nur Werbung.

Als es an der Tür wieder klingelte, drückte Frau Meisner erwartungsvoll den Türöffner. „Endlich der erste Kunde“, dachte sie. Um ihn zu beeindrucken, nahm sie rasch das Telefon und sprach hinein: „Ich weiß, die Brücke ist riesengroß, 500 Meter lang, aber ich kriege das locker hin! Es ist ja nicht mein erster Millionenauftrag! Leider bin ich jetzt noch beschäftigt. Ich rufe Sie noch heute Nachmittag zurück. Auf Wiederhören, Herr Landesbaudirektor!“ Sie drehte sich um und legte den Hörer auf. Dann lächelte sie den jungen Mann an, der vor ihr stand und fragte: „Sie wünschen?“

Der Mann grinste über das ganze Gesicht: „Guten Morgen, Frau Meisner! Ich bin von der Telefongesellschaft. Ich soll Ihr Telefon anschließen.“

Beantworte mit ganzen Sätzen die Fragen zum Text:

1. Welchen Beruf hat Frau Meisner?

   ____

2. Was machte eine Baufirma mit ihrem eigenen Büro?

   ____

3. Wie viele Kunden kamen am ersten Tag?

   ____

4. Was lieferte der Gärtner?

   ____

5. Was brachte der Postbote?

   ____

6. Mit wem „sprach“ Frau Meisner, als der erste „Kunde“ kam?

   ____

7. Was sollte der junge Mann bei der Architektin erledigen?

   ____

8. Überlege: Wie reagierte die Architektin am Schluss?

   ____

Der erste Kunde – Lückentext

Trage die fehlenden Wörter in den Text ein.

Diese Wörter musst du einsetzen:

Werbung, Hörer, Brücke, Geld, beschäftigt, Möbel, erste, grinste, Postbote, rasch, klingelte, Architektin, Gesicht, lieferte, Kunde, kam, Geräte, arbeitete, Landesbaudirektor, renovierte, Telefongesellschaft, modernen, klingelte

Frau Meisner ist ________________. Lange _____________ sie als Angestellte. Endlich hatte sie genug __________, um ein eigenes Architekturbüro zu eröffnen. Eine Baufirma __________________ das Büro und brachte für Frau Meisner neue ___________ und ___________.

Am ersten Tag saß die Architektin in Ihrem Büro vor dem ______________ Schreibtisch und wartete. „Wenigstens ein einziger ____________“, dachte sie. Aber es _________ kein Kunde. Stattdessen __________________ der Gärtner und ___________ Pflanzen für die Fenster. Später kam der ______________. Aber er brachte nur _______________.

Als es an der Tür wieder ____________, drückte Frau Meisner erwartungsvoll den Türöffner. „Endlich der __________ Kunde“, dachte sie. Um ihn zu beeindrucken, nahm sie _________ das Telefon und sprach hinein: „Ich weiß, die ___________ ist riesengroß, 500 Meter lang, aber ich kriege das locker hin! Es ist ja nicht mein erster Millionenauftrag! Leider bin ich jetzt noch __________________. Ich rufe Sie noch heute Nachmittag zurück. Auf Wiederhören, Herr _______________________!“ Sie drehte sich um und legte den Hörer auf. Dann lächelte sie den jungen Mann an, der vor ihr stand und fragte: „Sie wünschen?“

Der Mann __________ über das ganze __________: „Guten Morgen, Frau Meisner! Ich bin von der __________________________. Ich soll Ihr Telefon anschließen.“

Schneide die Textstreifen aus und klebe sie in der richtigen Reihenfolge wieder zusammen.

Als es an der Tür wieder klingelte, drückte Frau Meisner erwartungsvoll den Türöffner. „Endlich der erste Kunde“, dachte sie.

Stattdessen klingelte der Gärtner und lieferte Pflanzen für die Fenster. Später kam der Postbote. Aber er brachte nur Werbung.

Der erste Kunde

Um ihn zu beeindrucken, nahm sie rasch das Telefon und sprach hinein: „Ich weiß, die Brücke ist riesengroß, 500 Meter lang, aber ich kriege das locker hin! Es ist ja nicht mein erster Millionenauftrag!

Am ersten Tag saß die Architektin in Ihrem Büro vor dem modernen Schreibtisch und wartete. „Wenigstens ein einziger Kunde“, dachte sie. Aber es kam kein Kunde.

Frau Meisner ist Architektin. Lange arbeitete sie als Angestellte. Endlich hatte sie genug Geld um ein eigenes Architekturbüro zu eröffnen. Eine Baufirma renovierte das Büro und brachte für Frau Meisner neue Möbel und Geräte.

Der Mann grinste über das ganze Gesicht: „Guten Morgen, Frau Meisner! Ich bin von der Telefongesellschaft. Ich soll Ihr Telefon anschließen.“

Leider bin ich jetzt noch beschäftigt. Ich rufe Sie noch heute Nachmittag zurück. Auf Wiederhören, Herr Landesbaudirektor!“

Sie drehte sich um und legte den Hörer auf. Dann lächelte sie den jungen Mann an, der vor ihr stand und fragte: „Sie wünschen?“

Löse das Kreuzworträtsel mithilfe der rückwärts geschriebenen Wörter.

die ETLLETSEGNA ____________________

der ETOBTSOP ________________

die EKCÜRB _________

die AMRIFUAB ______________

das NOFELET _________

die NEZNALFP ___________

das THCISEG __________

die GNUBREW _______________

die NITKETIHCRA ___________________

Lösung: 1 2 | 3 4 5 | 6 7 8 9 !

**Der Text „Der erste Kunde“ ist im Präteritum geschrieben.
Finde die entsprechenden Infinitive.**

r c **d** e
ü k n

drücken

p r h e
c e **s** n

____

n ö r f
e f e n

____

n i s n
r e **g**

____

n ä e
c h l **l**

____

d e k
n n e

____

a **w** n
e t r

____

f a r g
n e

____

n e
m h e n

____

l n e l
i **k** g n

____

t n
e **s** h e

____

n **b**
g i n e r

____

e b t n
r e **a** i

____

o e **r** e e
n v r n i

____

i r e
f e n **l**

____

k e m
n m o

____

Der erste Kunde – Sätze bilden im Präteritum

Bilde Sätze mit den vorgegebenen Wörtern im Präteritum.

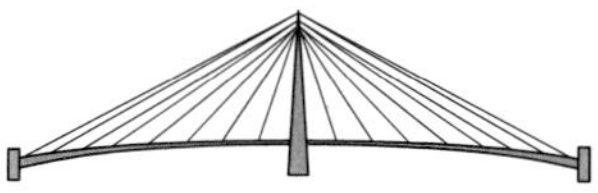

renovieren Möbel

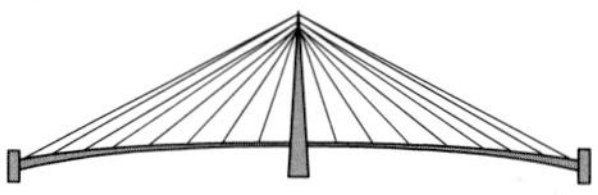

liefern Pflanzen

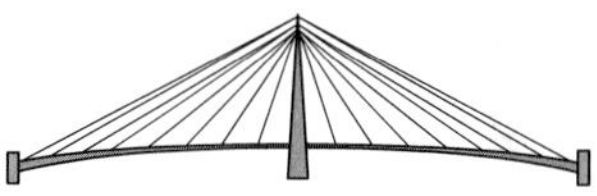

bringen Postbote

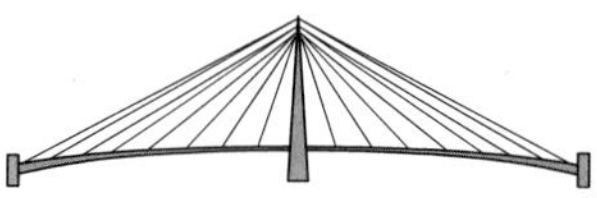

bauen Brücke

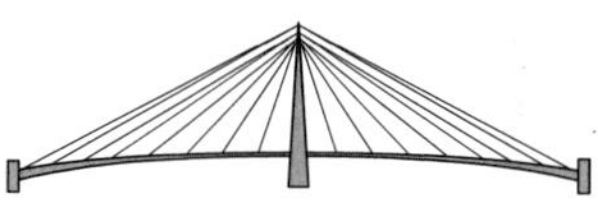

eröffnen Architektin

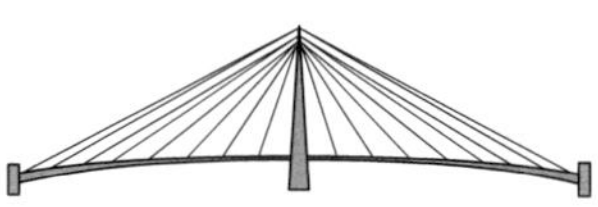

arbeiten Büro

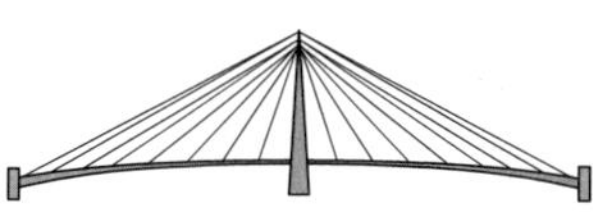

haben Geld

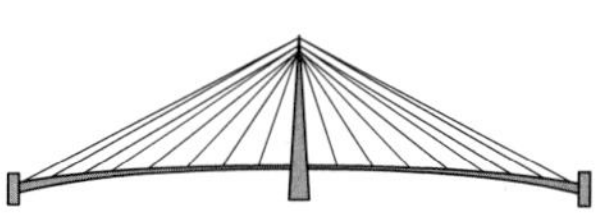

auflegen Hörer

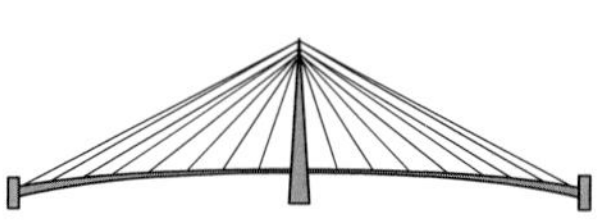

anschließen Telefon

Ein seltener Wunsch

Ein älterer Herr kam in einen Metzgerladen und sagte zum Metzger: „Bitte schneiden Sie mir von dem großen Bratenstück hier 5300 Gramm ab.“ Der Metzger staunte über die große Menge. Er freute sich auf das gute Geschäft und schnitt gleich ein riesiges Stück ab. Er legte es auf die Waage und sagte: „Das ist leider etwas größer. Es sind

sechs Kilogramm. Kann ich Ihnen das Stück so geben?“ „Ach nein, ich möchte die Menge bitte ganz genau abgewogen haben“, sagte der Kunde. „Das ist nicht ganz einfach. Und ein Kunde, der so viel Fleisch aufs Gramm genau möchte, ist selten“, erwiderte der Metzger. Er schnitt so lange Fleisch ab, bis das Stück genau 5300 Gramm wog. „Das Fleisch kostet 9,60 Euro pro Kilo“, sagte der Metzger. Er wickelte das Fleisch in Papier und trug es zur Kasse, um dort den Preis für das Stück auszurechnen. Da sprach der Mann: „Bitte lassen Sie das Fleisch in der Kühltheke liegen. Ich will es nicht kaufen. So viel Fleisch esse ich in einem Monat nicht.“
Der Metzger machte ein ärgerliches Gesicht: „Warum sollte ich dann genau diese Menge schneiden und abwiegen?“
Da antwortete der Herr: „Wissen Sie, ich war drei Wochen lang im Kururlaub. Dort habe ich genau 5300 Gramm abgenommen. Jetzt wollte ich sehen, wie viel das ist.“

Beantworte mit ganzen Sätzen die Fragen zum Text:

1. Wer kam in einen Metzgerladen?

____

2. Wie viel Gramm Braten sollte der Metzger schneiden?

____

3. Worüber staunte der Metzger?

____

4. Wie wollte der Kunde das Fleisch abgewogen haben?

____

5. Wie viel kostete ein Kilo Braten?

____

6. Wo sollte der Metzger das Fleisch liegen lassen?

____

7. Wo war der ältere Herr drei Wochen lang?

____

8. Was wollte er beim Metzger sehen?

____

Ein seltener Wunsch – Lückentext

Trage die fehlenden Wörter in den Text ein.

Diese Wörter musst du einsetzen:

abgenommen, will, schneiden, Stück, Geschäft, ganz, Kühltheke, leider, Wochen, erwiderte, Kunde, kostet, Papier, ärgerliches, genau, Fleisch, Menge, Waage, sehen, Metzgerladen, staunte, sechs

Ein seltener Wunsch

Ein älterer Herr kam in einen ____________________ und sagte zum Metzger: „Bitte ______________ Sie mir von dem großen Bratenstück hier 5300 Gramm ab.“ Der Metzger _______________ über die große Menge. Er freute sich auf das gute _________________ und schnitt gleich ein riesiges Stück ab. Er legte es auf die ______________ und sagte: „Das ist ______________ etwas größer. Es sind __________ Kilogramm. Kann ich Ihnen das _________ so geben?“ „Ach nein, ich möchte die Menge bitte ganz _________ abgewogen haben“, sagte der Kunde. „Das ist nicht _______ einfach. Und ein ________, der so viel Fleisch aufs Gramm genau möchte, ist selten“, _____________ der Metzger. Er schnitt so lange _________ ab, bis das Stück genau 5300 Gramm wog.

„Das Fleisch _________ 9,60 Euro pro Kilo“, sagte der Metzger. Er wickelte das Fleisch in _________ und trug es zur Kasse, um dort den Preis für das Stück auszurechnen. Da sprach der Mann: „Bitte lassen Sie das Fleisch in der _____________ liegen. Ich _______ es nicht kaufen. So viel Fleisch esse ich in einem Monat nicht.“

Der Metzger machte ein _______________ Gesicht: „Warum sollte ich dann genau diese ___________ schneiden und abwiegen?“ Da antwortete der Herr: „Wissen Sie, ich war drei ______________ lang im Kururlaub. Dort habe ich genau 5300 Gramm ____________________. Jetzt wollte ich ___________, wie viel das ist.“

Ein seltener Wunsch – Textstreifen

Schneide die Textstreifen aus und klebe sie in der richtigen Reihenfolge wieder zusammen.

Da sprach der Mann: „Bitte lassen Sie das Fleisch in der Kühltruhe liegen. Ich will es nicht kaufen. So viel Fleisch esse ich in einem Monat nicht."

Der Metzger staunte über die große Menge. Er freute sich auf das gute Geschäft und schnitt gleich ein riesiges Stück ab. Er legte es auf die Waage und sagte: „Das ist leider etwas größer. Es sind sechs Kilogramm. Kann ich Ihnen das Stück so geben?"

Der Metzger machte ein ärgerliches Gesicht: „Warum sollte ich dann genau diese Menge schneiden und abwiegen?"

Ein älterer Herr kam in einen Metzgerladen und sagte zum Metzger: „Bitte schneiden Sie mir von dem großen Bratenstück hier 5300 Gramm ab."

Da antwortete der Herr: „Wissen Sie, ich war drei Wochen lang im Kururlaub. Dort habe ich genau 5300 Gramm abgenommen. Jetzt wollte ich sehen, wie viel das ist."

Er schnitt so lange Fleisch ab, bis das Stück genau 5300 Gramm wog.

Ein seltener Wunsch

„Ach nein, ich möchte die Menge bitte ganz genau abgewogen haben", sagte der Kunde. „Das ist nicht ganz einfach. Und ein Kunde, der so viel Fleisch aufs Gramm genau möchte, ist selten", erwiderte der Metzger.

„Das Fleisch kostet 9,60 Euro pro Kilo", sagte der Metzger. Er wickelte das Fleisch in Papier und trug es zur Kasse, um dort den Preis für das Stück auszurechnen.

Ein seltener Wunsch – Satzteile

Was gehört zusammen? Beziffere richtig.

1	Er schnitt so lange Fleisch ab,		auf das gute Geschäft.
2	Der Metzger staunte		in der Kühltheke liegen.“
3	Er wickelte das Fleisch in Papier		esse ich in einem Monat nicht.
4	„Bitte lassen Sie das Fleisch		über die große Menge.
5	Ein älterer Herr		und trug es zur Kasse.
6	So viel Fleisch		ein ärgerliches Gesicht.
7	Der Metzger machte		bis das Stück 5300 Gramm wog.
8	Er freute sich		kam in einen Metzgerladen.

Schreibe nun die ganzen Sätze.

1

2

3

4

5

6

7

8

Ein seltener Wunsch – Einkaufszettel

Hier sind Vorschläge für das Einkaufen beim Metzger.

100 Gramm, 500 Gramm, 1 Pfund, 1 Kilo, Salami, Kochschinken, Speck, Fleischwurst, Bierwurst, Bratwurst, Bockwurst, Leberwurst, Leberkäse, Rinderbraten, Hackfleisch, Kalbsbraten, Gulasch, Schweinebraten, Frikadellen, Hähnchenbrust, Koteletts, Nackensteaks, Römerbraten …

Schreibe nun einen Einkaufszettel.

Für eine Person

Für eine Familie

Für eine Geburtstagsfeier

Für ein Grillfest unter Freunden

Bilde Sätze im Präteritum mit den angegebenen Wortgruppen.

1. der Metzger / das Gesicht / ärgerlich
2. das Fleisch / die Kühltheke / liegen
3. 5300 Gramm / das Bratenstück / schneiden
4. die Menge / abwiegen / genau
5. der Metzgerladen / kommen / ein Herr
6. die Waage / legen / das Fleisch
7. der Herr / abnehmen / der Kururlaub
8. das Fleisch / viel / essen
9. das Fleisch / wickeln / das Papier
10. das Stück / riesig / abschneiden
11. staunen / der Metzger / die Menge

1. ______________________________

2. ______________________________

3. ______________________________

4. ______________________________

5. ______________________________

6. ______________________________

7. ______________________________

8. ______________________________

9. ______________________________

10. ______________________________

11. ______________________________

Der Wetterprophet

An einem Sonntag im Juli war die große Regatta. Viele Mannschaften übten schon Tage vorher auf dem Meer. Für das Fahren von Segelbooten ist es wichtig zu wissen, wie Wind und Wetter werden. Der Trainer einer Mannschaft hörte, dass in einer Hütte am Hafen ein alter Fischer wohnte. Er war berühmt dafür, schon Tage zuvor das Wetter vorhersagen zu können.
An jedem Morgen vor dem Rennen ging der Trainer zu der Hütte. Er fragte den Fischer nach Wind, Sturm und Regen. Immer waren die Voraussagen des alten Mannes richtig. Der Trainer war sehr zufrieden. „Der Alte ist besser als Fernsehen und Internet zusammen!“, prahlte er vor seiner Mannschaft.
Auch am Sonntagmorgen vor dem Rennen ging er wieder zu dem Fischer. Doch der Alte gab ihm diesmal keine Prognose. Er blickte den Trainer nur nachdenklich und schweigend an. Verzweifelt bat ihn der Trainer um eine Wettervorhersage für das entscheidende Rennen. Schließlich sagte der Alte: „Es tut mir wirklich leid. Ich kann Ihnen heute nichts zum Wetter sagen. Mein Fernseher ist kaputt. Kommen Sie wieder, wenn er repariert ist.“ Dann drehte sich der Fischer um, flickte in Ruhe sein Netz weiter und rauchte gemütlich seine Pfeife.

Beantworte mit ganzen Sätzen die Fragen zum Text:

1. Wann war die große Regatta?

   ____

2. Wo übten viele Mannschaften?

   ____

3. Was ist wichtig für das Fahren von Segelbooten?

   ____

4. Wer wohnte am Hafen?

   ____

5. Wofür war der alte Fischer berühmt?

   ____

6. Wonach fragte der Trainer den Fischer?

   ____

7. Wie fand der Trainer die Wetterprognosen?

   ____

8. Warum konnte der Fischer am Morgen vor dem Rennen keine Prognose geben?

   ____

Trage die fehlenden Wörter in den Text ein.

Diese Wörter musst du einsetzen:

repariert, Wettervorhersage, nachdenklich, berühmt, vorhersagen, Segelbooten, Trainer, fragte, alten, Netz, besser, Rennen, Fernseher, prahlte, Hafen, Regatta, Wetter, übten, Fischer, diesmal

Der Wetterprophet

An einem Sonntag im Juli war die große ________________. Viele Mannschaften ________ schon Tage vorher auf dem Meer. Für das Fahren von ________________ ist es wichtig zu wissen, wie Wind und Wetter werden.

Der Trainer einer Mannschaft hörte, dass in einer Hütte am ___________ ein alter Fischer wohnte. Er war _________________ dafür, schon Tage zuvor das Wetter ____________________ zu können.

An jedem Morgen vor dem Rennen ging der ______________ zu der Hütte. Er ___________ den Fischer nach Wind, Sturm und Regen. Immer waren die Voraussagen des _________ Mannes richtig. Der Trainer war sehr zufrieden. „Der Alte ist ___________ als Fernsehen und Internet zusammen!", ____________ er vor seiner Mannschaft.

Auch am Sonntagmorgen vor dem _____________ ging er wieder zu dem Fischer. Doch der Alte gab ihm _____________ keine Prognose. Er blickte den Trainer nur ____________________ und schweigend an. Verzweifelt bat ihn der Trainer um eine _________________________ für das entscheidende Rennen. Schließlich sagte der Alte: „Es tut mir wirklich leid. Ich kann Ihnen heute nichts zum ____________ sagen. Mein _______________ ist kaputt. Kommen Sie wieder, wenn er ____________ ist."
Dann drehte sich der _____________ um, flickte in Ruhe sein _________ weiter und rauchte gemütlich seine Pfeife.

Der Wetterprophet – Textstreifen

Schneide die Textstreifen aus und klebe sie in der richtigen Reihenfolge wieder zusammen.

Auch am Sonntagmorgen vor dem Rennen ging er wieder zu dem Fischer. Doch der Alte gab ihm diesmal keine Prognose. Er blickte den Trainer nur nachdenklich und schweigend an.

Der Trainer einer Mannschaft hörte, dass in einer Hütte am Hafen ein alter Fischer wohnte. Er war berühmt dafür, schon Tage zuvor das Wetter vorhersagen zu können.

„Es tut mir wirklich leid. Ich kann Ihnen heute nichts zum Wetter sagen. Mein Fernseher ist kaputt. Kommen Sie wieder, wenn er repariert ist.“ Dann drehte sich der Fischer um, flickte in Ruhe sein Netz weiter und rauchte gemütlich seine Pfeife.

Der Trainer war sehr zufrieden. „Der Alte ist besser als Fernsehen und Internet zusammen!“, prahlte er vor seiner Mannschaft.

Verzweifelt bat ihn der Trainer um eine Wettervorhersage für das entscheidende Rennen. Schließlich sagte der Alte:

Der Wetterprophet

An einem Sonntag im Juli war die große Regatta. Viele Mannschaften übten schon Tage vorher auf dem Meer. Für das Fahren von Segelbooten ist es wichtig zu wissen, wie Wind und Wetter werden.

An jedem Morgen vor dem Rennen ging der Trainer zu der Hütte. Er fragte den Fischer nach Wind, Sturm und Regen. Immer waren die Voraussagen des alten Mannes richtig.

Der Wetterprophet – Kreuzworträtsel

Löse das Kreuzworträtsel mithilfe des Textes.

Der Fischer rauchte gemütlich seine

Es ist wichtig zu wissen, wie ... und Wetter werden.

Am Sonntagmorgen ging der Trainer zum

Der Trainer prahlte vor seiner

Der Trainer bat verzweifelt um eine

Der Fischer flickte in Ruhe sein

Der Alte gab diesmal keine

Mein ... ist kaputt.

Der Fischer wohnt in einer

Am Sonntag war die große

Der Trainer fragte den Fischer nach Wind, ... und Regen.

Die Mannschaften übten auf dem

Die Lösung:

Jeden Morgen ging der Tainer zur

1	2	3	4	5	6	7	8	9	10	11	12

Der Wetterprophet – richtig oder falsch?

Welcher Satz ist richtig? Kreuze an.

		richtig	falsch
1.	Die große Regatta war im Juni.	P	R
2.	Eine Mannschaft übte schon Tage vorher auf dem Meer.	A	E
3.	Für das Fahren von Segelbooten ist das Wetter sehr wichtig.	G	D
4.	Ein junger Fischer wohnte am Hafen.	I	A
5.	Der Fischer konnte das Wetter schon Tage zuvor voraussagen.	T	L
6.	Die Voraussagen des alten Mannes waren immer richtig.	T	W
7.	Der Trainer war mit den Voraussagen nicht zufrieden.	O	A
8.	Am Samstagmorgen ging der Trainer wieder zu dem Fischer.	P	A
9.	Der Alte gab auch diesmal eine Prognose.	S	M
10.	Der Fischer blickte den Trainer nachdenklich und schweigend an.	M	E
11.	Der Alte konnte am Sonntag zum Wetter nichts sagen.	E	O
12.	Sein Fernseher war kaputt.	E	R
13.	Der Fischer flickte sein Netz und rauchte gemütlich seine Pfeife.	R	T

Die Lösung: Schön war im Juli die

	1	2	3	4	5	6		7	8		9	10	11	12
R														

Hier sind Vorschläge für einen Wetterbericht.

der Wind, der Orkan, der Sturm, die Windstille, die Luft, die Sonne, die Wolken, der Himmel, der Nebel, der Hagel, der Süden, der Westen, der Osten, der Norden

stürmisch, kräftig, bedeckt, stark, schwach, mild, heftig, leicht, bewölkt, klar, feucht

scheinen, regnen, wehen, blasen, ziehen, bedecken

Erfinde und schreibe den Wetterbericht für den Sonntag im Juli, an dem die Regatta stattfindet.

WETTERBERICHT für die große Regatta

Der schlaue Gartenbesitzer

Herr Brendel ist stolz auf die prächtigen Blumen, die im Vorgarten seines großen Hauses blühen. Eines Tages sah er durch das Fenster etwas Schreckliches: Ein etwa dreijähriges blondes Mädchen pflückte im Vorgarten einen Blumenstrauß. Noch bevor Herr Brendel aus dem Haus kam, lief das Mädchen mit den Blumen weg. Der Nachbar lachte: „Das süße Mädchen kenne ich. Es ist die Tochter des Anwalts Dr. Priegel. Er wohnt zwei Straßen weiter."

Am Nachmittag besuchte Herr Brendel den Anwalt. Er überlegte sich, wie er möglichst geschickt anfängt: „Herr Anwalt, bitte geben Sie mir einen guten Rat. Wenn ein kleines Kind in meinem Vorgarten Blumen pflückt, müssen dann die Eltern den Schaden bezahlen?" „Selbstverständlich", erwiderte der Anwalt empört. „Es ist unglaublich, wie manche Eltern ihr Kind ohne Aufsicht herumlaufen lassen!" „Herr Anwalt, das Kind, von dem ich rede, ist Ihre Tochter! Sie müssen zwölf Euro bezahlen. Das ist der Preis für die Blumen, die Ihre Tochter gepflückt hat."

Mit rotem Kopf griff der Anwalt in die Tasche seines schwarzen Anzugs, holte aus einer dicken Brieftasche das Geld und legte es auf den Schreibtisch. Der schlaue Herr Brendel ging mit dem Geld vergnügt nach Hause.

Einige Tage später erhielt er Post. Es war die Rechnung des Anwalts. Darin stand:

„Sehr geehrter Herr Brendel,
das Honorar für meine erfolgreiche rechtliche Beratung beträgt 50,00 Euro.
Mit freundlichen Grüßen,
Ihr Anwalt Dr. Priegel".

Beantworte mit ganzen Sätzen die Fragen zum Text:

1. Worauf ist Herr Brendel stolz?

___

2. Wer pflückte eines Tages einen Blumenstrauß?

___

3. Wo wohnt der Anwalt Dr. Priegel?

___

4. Worum bat Herr Brendel den Anwalt?

___

5. Wie viel Euro musste der Anwalt für die Blumen bezahlen?

___

6. Was bekam Herr Brendel einige Tage später?

___

7. Wie hoch war das Honorar des Anwalts für die Beratung?

___

8. Was meinst du, wie reagiert der Gartenbesitzer auf den Brief des Anwalts?

___

Trage die fehlenden Wörter in den Text ein.

schlaue, pflückte, Blumen, zwei, ohne, zwölf, Preis, Selbstverständlich, geehrter, Beratung, Vorgarten, Tochter, Schaden, Rat, Nachmittag, Brieftasche, ihre, geschickt, sah, Mädchen

Ein schlauer Gartenbesitzer

Herr Brendel ist stolz auf die prächtigen Blumen, die im ______________ seines großen Hauses blühen. Eines Tages _______ er durch das Fenster etwas Schreckliches: Ein etwa dreijähriges blondes Mädchen _____________ im Vorgarten einen Blumenstrauß. Noch bevor Herr Brendel aus dem Haus kam, lief das Mädchen mit den ____________ weg. Der Nachbar lachte: „Das süße ______________ kenne ich. Es ist die ____________ des Anwalts Dr. Priegel. Er wohnt _______ Straßen weiter."

Am ______________________ besuchte Herr Brendel den Anwalt. Er überlegte sich, wie er möglichst _______________ anfängt: „Herr Anwalt, bitte geben Sie mir einen guten _______. Wenn ein kleines Kind in meinem Vorgarten Blumen pflückt, müssen dann die Eltern den _____________ bezahlen?" „______________________", erwiderte der Anwalt empört. „Es ist unglaublich, wie manche Eltern ihr Kind __________ Aufsicht herumlaufen lassen!" „Herr Anwalt, das Kind, von dem ich rede, ist ________ Tochter! Sie müssen __________ Euro bezahlen. Das ist der _________ für die Blumen, die Ihre Tochter gepflückt hat."

Mit rotem Kopf griff der Anwalt in die Tasche seines schwarzen Anzugs, holte aus einer dicken ____________________ das Geld und legte es auf den Schreibtisch. Der ___________ Herr Brendel ging mit dem Geld vergnügt nach Hause.

Einige Tage später erhielt er Post. Es war die Rechnung des Anwalts. Darin stand:

„Sehr _______________ Herr Brendel,

das Honorar für meine erfolgreiche rechtliche ______________ beträgt 50,00 Euro.

Mit freundlichen Grüßen,

Ihr Anwalt Dr. Priegel".

Schneide die Textstreifen aus und klebe sie in der richtigen Reihenfolge wieder zusammen.

„Selbstverständlich", erwiderte der Anwalt empört. „Es ist unglaublich, wie manche Eltern ihr Kind ohne Aufsicht herumlaufen lassen!"

Der Nachbar lachte: „Das süße Mädchen kenne ich. Es ist die Tochter des Anwalts Dr. Priegel. Er wohnt zwei Straßen weiter."

Mit rotem Kopf griff der Anwalt in die Tasche seines schwarzen Anzugs, holte aus einer dicken Brieftasche das Geld und legte es auf den Schreibtisch. Der schlaue Herr Brendel ging mit dem Geld vergnügt nach Hause.

„Sehr geehrter Herr Brendel,
das Honorar für meine erfolgreiche rechtliche Beratung beträgt 50,00 Euro.
Mit freundlichen Grüßen,
Ihr Anwalt Dr. Priegel".

Herr Brendel ist stolz auf die prächtigen Blumen, die im Vorgarten seines großen Hauses blühen. Eines Tages sah er durch das Fenster etwas Schreckliches:

Am Nachmittag besuchte Herr Brendel den Anwalt. Er überlegte sich, wie er möglichst geschickt anfängt: „Herr Anwalt, bitte geben Sie mir einen guten Rat. Wenn ein kleines Kind in meinem Vorgarten Blumen pflückt, müssen dann die Eltern den Schaden bezahlen?"

„Herr Anwalt, das Kind, von dem ich rede, ist Ihre Tochter! Sie müssen zwölf Euro bezahlen. Das ist der Preis für die Blumen, die Ihre Tochter gepflückt hat."

Einige Tage später erhielt er Post. Es war die Rechnung des Anwalts. Darin stand:

Der schlaue Gartenbesitzer

Ein etwa dreijähriges blondes Mädchen pflückte im Vorgarten einen Blumenstrauß. Noch bevor Herr Brendel aus dem Haus kam, lief das Mädchen mit den Blumen weg.

Der schlaue Gartenbesitzer – richtig oder falsch?

Welcher Satz ist richtig? Kreuze an.

		richtig	falsch
1.	Herr Brendel ist stolz auf die prächtigen Obstbäume.	B	R
2.	Ein dreijähriges Mädchen pflückte einen Blumenstrauß.	E	A
3.	Das Mädchen lief mit den Blumen weg.	C	O
4.	Der Nachbar weinte.	L	H
5.	Es ist die Tochter des Richters Dr. Priegel.	M	T
6.	Am Abend besuchte Herr Brendel den Anwalt.	W	S
7.	„Herr Anwalt, bitte geben Sie mir einen kleinen Tipp!“	K	B
8.	„Das Kind, von dem ich rede, ist Ihre Tochter!“	E	I
9.	„Sie müssen 15 Euro bezahlen.“	S	R
10.	Der Anwalt trug einen braunen Anzug.	E	A
11.	Er legte das Geld auf den Computertisch.	W	T
12.	Einige Tage später erhielt Herr Brendel Post.	U	P
13.	Es war die Rechnung des Anwalts.	N	M
14.	Das Honorar beträgt 40,00 Euro.	U	G

Die Lösung:

	1	2	3	4	5	6	7	8	9	10	11	12	13	14
Herr Brendel zahlte für eine														

Löse das Kreuzworträtsel mithilfe des Textes.

„Selbstverständlich", ☐☐☐☐▩☐☐☐☐ der Anwalt empört.

Der Anwalt ☐▩☐☐☐ das Geld auf den Schreibtisch.

Der Anwalt ☐▩☐☐☐ in die Tasche seines Anzugs.

Herr Brendel ☐☐☐▩☐☐☐☐☐ , wie er es geschickt anfängt.

Herr Brendel ☐☐☐☐▩☐☐ Post.

Das Mädchen ☐☐☐☐▩☐☐☐ einen Blumenstrauß.

Am Nachmittag ☐☐☐☐☐▩☐☐ Herr Brendel den Anwalt.

Der Anwalt ☐☐☐▩☐ das Geld aus seiner Brieftasche.

Herr Brendel ▩☐☐ durch das Fenster etwas Schreckliches.

Der Nachbar ☐▩☐☐☐☐ : „Das Mädchen kenne ich."

Herr Brendel ☐☐▩☐ mit dem Geld nach Hause.

Der Brief ▩☐☐ die Rechnung des Anwalts.

Als Herr Brendel aus dem Haus ☐▩☐ , war das Mädchen weg.

Das Mädchen ▩☐☐☐ mit den Blumen weg.

Im Brief ☐▩☐☐☐ „Das Honorar beträgt 50,00 Euro".

Der Lösungssatz:

Klüger war

1	2	3		4	5	6	7	8	9	10	11	12	13	14	15

Bilde Sätze im Präteritum mit den angegebenen Wortgruppen.

1. der Nachmittag
besuchen
der Anwalt
2. der Anwalt
das Geld
die Brieftasche
3. das Mädchen
süß
kennen
4. Herr Brendel
stolz
Blumen
5. das Honorar
50 Euro
betragen
6. die Blumen
stolz
prächtig
7. das Fenster
sehen
das Mädchen
8. der Tisch
legen
das Geld
9. Herr Brendel
erhalten
die Rechnung
10. wohnen
die Straße
weiter
11. der Blumenstrauß
besuchen
der Anwalt

1. ______________________________

2. ______________________________

3. ______________________________

4. ______________________________

5. ______________________________

6. ______________________________

7. ______________________________

8. ______________________________

9. ______________________________

10. ______________________________

11. ______________________________

Ordne nachfolgende Adjektive (Eigenschaftswörter) sinnvoll den Substantiven (Nomen, Hauptwörtern) zu.

gute, kleines, rote, großes, dreijähriges, schwarze, rechtliche, freundlichen, kluge, hohe, prächtigen, blonde, geschickte, dicke

die ________________ Blumen

ein ____________________ Mädchen

der _________ Rat

der ________________ Anzug

die ___________________ Beratung

die ______________________ Grüße

der „_________“ Kopf

der ___________ Gartenbesitzer

ein _____________ Kind

das _____________ Mädchen

eine __________ Brieftasche

der ____________________ Anwalt

der ___________ Preis

ein _____________ Haus

Der schlaue Gartenbesitzer – Briefe schreiben

Schreibe den Brief des Anwalts. Beschrifte auch den Briefumschlag.

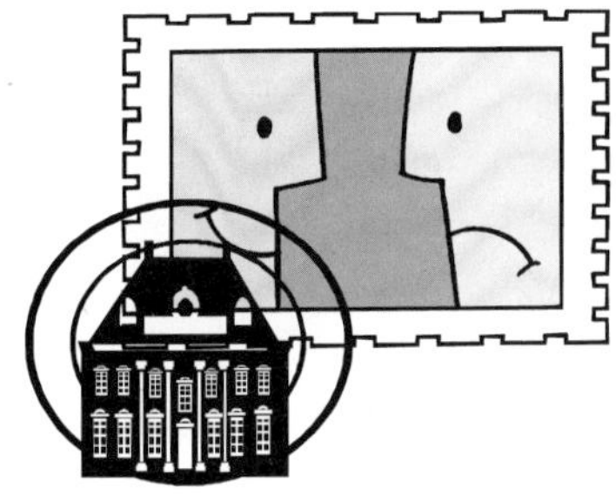

Die wertvollen Briefe

Ein berühmter Schriftsteller fuhr zur Erholung ans Meer. Er suchte nach Ideen für ein neues Buch. Es sollte vom Leben und Schicksal der Fischer erzählen. Dort schrieb er einem Buchhändler in Berlin einen Brief. Er bat den Buchhändler, ihm einige Bücher zu diesem Thema zu schicken. Der Dichter bekam weder eine Antwort noch die Bücher. „Der Brief ist nicht in Berlin angekommen", dachte der Schriftsteller und ärgerte sich über die Post. Er schrieb dem Buchhändler noch einmal einen Brief. Es kam wieder keine Antwort. Da schrieb der Dichter zum dritten Mal nach Berlin. Auch jetzt gab es keine Antwort und kein Buch. Der Dichter wunderte sich, denn er wusste, dass der Händler sehr zuverlässig war.

Als der Schriftsteller wieder zurück in Berlin war, ging er in die Buchhandlung um zu erfahren, weshalb der Händler die Bücher nicht in den Urlaubsort am Meer geschickt hatte. Er wollte auch wissen, warum der Buchhändler noch nicht einmal eine Antwort geschrieben hatte. Der Händler bekam einen roten Kopf und sagte: „Lieber Herr,Ihre Bücher habe ich längst bestellt und verpackt. Aber es gibt Menschen, die sammeln die Briefe berühmter Persönlichkeiten. Und diese Sammler zahlen für Ihre Briefe viel mehr Geld, als ich mit den Büchern verdienen kann."

Beantworte mit ganzen Sätzen die Fragen zum Text:

1. Wohin fuhr ein bekannter Schriftsteller zur Erholung?

   ____

2. Wonach suchte er dort?

   ____

3. Wem schrieb er einen Brief?

   ____

4. Worum bat der Dichter seinen Buchhändler?

   ____

5. Bekam der Schriftsteller die bestellten Bücher?

   ____

6. Wie viele Briefe schrieb er nach Berlin?

   ____

7. Was machte der Dichter, als er wieder zurück in Berlin war?

   ____

8. Warum verschickte der Buchhändler die bestellten Bücher nicht?

   ____

9. Es gibt verschiedene Sammler. Schreibe, was die Menschen sammeln können.

   ____

Trage die fehlenden Wörter in den Text ein.

Diese Wörter musst du einsetzen:

berühmter, Buchhändler, bat, weder, noch, dachte, Brief, wieder, Dichter, jetzt, Schicksal, wunderte, zuverlässig, ging, Meer, Antwort, Kopf, bestellt, sammeln, zahlen, verdienen, Ideen

Die wertvollen Briefe

Ein ________________ Schriftsteller fuhr zur Erholung ans Meer. Er suchte nach __________ für ein neues Buch. Es sollte vom Leben und ________________ der Fischer erzählen. Dort schrieb er einem ________________ in Berlin einen Brief. Er ________ den Buchhändler, ihm einige Bücher zu schicken. Der Dichter bekam __________ eine Antwort __________ die Bücher. „Der Brief ist nicht in Berlin angekommen“, ____________ der Schriftsteller und ärgerte sich über die Post. Er schrieb dem Buchhändler noch einmal einen __________. Es kam __________ keine Antwort. Da schrieb der __________ zum dritten Mal nach Berlin. Auch ________ gab es keine Antwort und kein Buch. Der Dichter __________ sich, denn er wusste, dass der Händler sehr ________________ war.

Als der Schriftsteller wieder zurück in Berlin war, ________ er in die Buchhandlung um zu erfahren, weshalb der Händler die Bücher nicht in den Urlaubsort am ________ geschickt hatte. Er wollte auch wissen, warum der Buchhändler noch nicht einmal eine ________________ geschrieben hatte. Der Händler bekam einen roten ________ und sagte: „Lieber Herr, Ihre Bücher habe ich längst __________ und verpackt. Aber es gibt Menschen, die ________________ die Briefe berühmter Persönlichkeiten. Und diese Sammler __________ für Ihre Briefe viel mehr Geld, als ich mit den Büchern ______________ kann.

Schneide die Textstreifen aus und klebe sie in der richtigen Reihenfolge wieder zusammen.

Der Dichter bekam weder eine Antwort noch die Bücher. „Der Brief ist nicht in Berlin angekommen“, dachte der Schriftsteller und ärgerte sich über die Post.

Auch jetzt gab es keine Antwort und kein Buch. Der Dichter wunderte sich, denn er wusste, dass der Händler sehr zuverlässig war.

Ein berühmter Schriftsteller fuhr zur Erholung ans Meer. Er suchte nach Ideen für ein neues Buch. Es sollte vom Leben und Schicksal der Fischer erzählen.

Die wertvollen Briefe

Er wollte auch wissen, warum der Buchhändler noch nicht einmal eine Antwort geschrieben hatte. Der Händler bekam einen roten Kopf und sagte:

„Lieber Herr, Ihre Bücher habe ich längst bestellIt und verpackt. Aber es gibt Menschen, die sammeln die Briefe berühmter Persönlichkeiten. Und diese Sammler zahlen für Ihre Briefe viel mehr Geld, als ich mit den Büchern verdienen kann.

Er schrieb dem Buchhändler noch einmal einen Brief. Es kam wieder keine Antwort. Da schrieb der Dichter zum dritten Mal nach Berlin.

Als der Schriftsteller wieder zurück in Berlin war, ging er in die Buchhandlung um zu erfahren, weshalb der Händler die Bücher nicht in den Urlaubsort am Meer geschickt hatte.

Dort schrieb er einem Buchhändler in Berlin einen Brief. Er bat den Buchhändler, ihm einige Bücher zu schicken.

Die wertvollen Briefe – Kreuzworträtsel

Löse das Kreuzworträtsel mithilfe des Textes.

- Manche Leute sammeln ______ berühmter Persönlichkeiten.
- Der Dichter bat den Händler um einige ______
- Dort schrieb er dem ______ einen Brief.
- Er fuhr zur ______ ans Meer.
- Der Schriftsteller schrieb den dritten ______ an den Buchhändler.
- Ein berühmter ______ fuhr ans Meer.
- Der Schriftsteller ärgerte sich über die ______
- Das Buch sollte vom Leben der ______ erzählen.
- Er schrieb nochmal nach ______
- Er suchte am Meer nach neuen ______
- Zurück in Berlin ging er in die ______
- Der Schriftsteller bekam keine ______ vom Buchhändler.
- Die Sammler bezahlen für die Briefe viel mehr ______

Der Lösungssatz:

Der Schriftsteller vermisste eine ______ aus Berlin.

1	2	3	4	5	6	7	8	9	10	11	12	13

Bilde Sätze mit den angegebenen Verbformen im Präteritum.

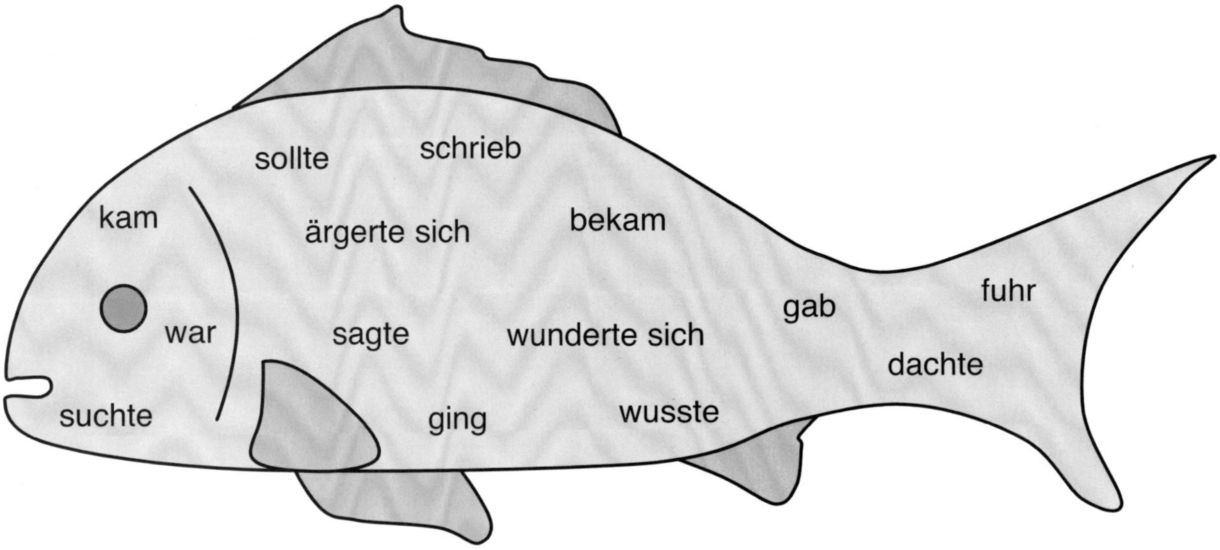

1. ____________________

2. ____________________

3. ____________________

4. ____________________

5. ____________________

6. ____________________

7. ____________________

8. ____________________

9. ____________________

10. ____________________

11. ____________________

12. ____________________

13. ____________________

14. ____________________

Die wertvollen Briefe – der dritte Brief

Ein berühmter Schriftsteller fuhr zur Erholung ans Meer. Er suchte nach Ideen für ein neues Buch. Es sollte vom Leben und Schicksal der Fischer erzählen. Dort schrieb er einem Buchhändler in Berlin einen Brief. Er bat den Buchhändler, ihm einige Bücher zu diesem Thema zu schicken. Der Dichter bekam weder eine Antwort noch die Bücher. „Der Brief ist nicht in Berlin angekommen", dachte der Schriftsteller und ärgerte sich über die Post. Er schrieb dem Buchhändler noch einmal einen Brief. Es kam wieder keine Antwort. Da schrieb der Dichter zum dritten Mal nach Berlin.

Was, meinst Du, stand in diesem dritten Brief? – Schreibe ihn!

Ganz schön daneben

„Komm zu Frau Turandot und erfahre Deine Zukunft! Frau Turandot sieht alles, was kommen wird, auch in Deinem Leben!“, stand in einer großen Anzeige in der Zeitung. Ein junger Mann kam zu Frau Turandot in ihre geheimnisvollen Praxisräume. „Geben Sie mir bitte Ihre linke Hand“, sagte die Hellseherin und begann aus der Hand zu lesen. „Sie werden viel Glück im Leben haben. Ihr Chef ist mit Ihnen zufrieden. Sie werden noch dieses Jahr eine Gehaltserhöhung bekommen. Ihren Urlaub werden Sie am Meer verbringen und dort eine hübsche, tüchtige, junge Frau mit einem Auto kennen lernen. Sie werden sie heiraten. Sie werden außerdem viel Geld im Lotto gewinnen. Sie werden ...“

„Danke, das genügt“, unterbrach sie der junge Mann. „Und vielen Dank. Auf Wiedersehen!“ „Einen Moment bitte; ich bekomme von Ihnen zwanzig Euro“, rief Frau Turandot. „Zwanzig Euro?“ sagte der junge Mann verwundert, „In der Zeitung steht, dass Sie alles wissen. Sehen Sie, Sie haben aber nicht gewusst, dass ich eine eigene Firma gegründet habe und selbst der Chef bin. Daher ist auch kein Chef mit mir zufrieden, es gibt keine Gehaltsaufbesserung und auch keinen Urlaub. Ich werde auch nicht ans Meer fahren, weil ich meine Freizeit in den Bergen verbringe, wo ich ein Ferienhaus habe. Außerdem bin ich verheiratet und meine Frau fährt nicht Auto, sondern Motorrad. Meiner Firma geht es zurzeit schlecht und ich habe kein Geld. Ihre zwanzig Euro zahle ich, sobald ich im Lotto gewonnen habe.
Nennen Sie mir bitte Ihre Bank und Ihre Kontonummer!“

Beantworte mit ganzen Sätzen die Fragen zum Text:

1. Was kannst du bei Frau Turandot erfahren?

   ____

2. Wer kam zu Frau Turandot?

   ____

3. Welche Hand soll der junge Mann Frau Turandot geben?

   ____

4. Wo wird er seinen Urlaub verbringen?

   ____

5. Wen wird er dort kennen lernen?

   ____

6. Wie viel Euro wollte Frau Turandot von dem jungen Mann haben?

   ____

7. Waren die Vorhersagen der Hellseherin richtig?

   ____

8. Wann erhält die Hellseherin ihre zwanzig Euro?

   ____

Ganz schön daneben – Lückentext

Trage die fehlenden Wörter im Text ein:

Diese Wörter musst du einsetzen:

schlecht, Zukunft, heiraten, geheimnisvollen, Lotto, zufrieden, Nennen, sondern, unterbrach, Geben, Chef, gewonnen, eigene, dieses, bekomme, Ferienhaus, kommen, junge, Gehaltsaufbesserung, Glück, Zeitung, verbringen

„Komm zu Frau Turandot und erfahre Deine ______________! Frau Turandot sieht alles, was ___________ wird, auch in Deinem Leben!“, stand in einer großen Anzeige in der Zeitung.

Ein junger Mann kam zu Frau Turandot in ihre ______________________ Praxisräume. „__________ Sie mir bitte Ihre linke Hand“, sagte die Hellseherin und begann aus der Hand zu lesen. „Sie werden viel _________ im Leben haben. Ihr Chef ist mit Ihnen _______________. Sie werden noch ___________ Jahr eine Gehaltserhöhung bekommen. Ihren Urlaub werden Sie am Meer _____________ und dort eine hübsche, tüchtige, junge Frau mit einem Auto kennen lernen. Sie werden sie ___________. Sie werden außerdem viel Geld im _________ gewinnen. Sie werden …“

„Danke, das genügt“, ________________ sie der junge Mann. „Und vielen Dank. Auf Wiedersehen!“ „Einen Moment bitte; ich ______________ von Ihnen zwanzig Euro!“, rief Frau Turandot. „Zwanzig Euro?“ sagte der _________ Mann verwundert, „In der __________________ steht, dass Sie alles wissen. Sehen Sie, Sie haben aber nicht gewusst, dass ich eine _____________ Firma gegründet habe und selbst der Chef bin. Daher ist auch kein __________ mit mir zufrieden, es gibt keine _____________________________ und auch keinen Urlaub. Ich werde auch nicht ans Meer fahren, weil ich meine Freizeit in den Bergen verbringe, wo ich ein _____________________ habe. Außerdem bin ich verheiratet und meine Frau fährt nicht Auto, _______________ Motorrad. Meiner Firma geht es zurzeit __________ und ich habe kein Geld. Ihre zwanzig Euro zahle ich, sobald ich im Lotto _____________ habe. _________ Sie mir bitte Ihre Bank und Ihre Kontonummer!“

Schneide die Textstreifen aus und klebe sie in der richtigen Reihenfolge wieder zusammen.

Ihren Urlaub werden Sie am Meer verbringen und dort eine hübsche, tüchtige, junge Frau mit einem Auto kennen lernen. Sie werden sie heiraten. Sie werden außerdem viel Geld im Lotto gewinnen. Sie werden …"

„Danke, das genügt", unterbrach sie der junge Mann. „Und vielen Dank. Auf Wiedersehen!"

Ein junger Mann kam zu Frau Turandot in ihre geheimnisvollen Praxisräume. „Geben Sie mir bitte Ihre linke Hand", sagte die Hellseherin und begann aus der Hand zu lesen.

„Einen Moment bitte; ich bekomme von Ihnen zwanzig Euro!", rief Frau Turandot. „Zwanzig Euro?" sagte der junge Mann verwundert, „In der Zeitung steht, dass Sie alles wissen.

Ich werde auch nicht ans Meer fahren, weil ich meine Freizeit in den Bergen verbringe, wo ich ein Ferienhaus habe. Außerdem bin ich verheiratet und meine Frau fährt nicht Auto, sondern Motorrad.

Sehen Sie, Sie haben aber nicht gewusst, dass ich eine eigene Firma gegründet habe und selbst der Chef bin. Daher ist auch kein Chef mit mir zufrieden, es gibt keine Gehaltsaufbesserung und auch keinen Urlaub.

Ganz schön daneben

„Komm zu Frau Turandot und erfahre Deine Zukunft! Frau Turandot sieht alles, was kommen wird, auch in Deinem Leben!", stand in einer großen Anzeige in der Zeitung.

„Sie werden viel Glück im Leben haben. Ihr Chef ist mit Ihnen zufrieden. Sie werden noch dieses Jahr eine Gehaltserhöhung bekommen.

Meiner Firma geht es zurzeit schlecht und ich habe kein Geld. Ihre zwanzig Euro zahle ich, sobald ich im Lotto gewonnen habe. Nennen Sie mir bitte Ihre Bank und Ihre Kontonummer!"

Was gehört zusammen? Beziffere richtig.

1	Ihre 20 Euro bekommen Sie,		Ihre linke Hand.
2	Sie werden viel Glück		dass Sie alles wissen.
3	Frau Turandot sieht alles,		sondern Motorrad.
4	Ihren Urlaub werden Sie		eine Gehaltserhöhung bekommen.
5	Geben Sie mir bitte		am Meer verbringen.
6	Sie werden noch dieses Jahr		sobald ich im Lotto gewonnen habe.
7	In der Zeitung steht,		was kommen wird.
8	Meine Frau fährt nicht Auto,		im Leben haben.

Schreibe nun die ganzen Sätze.

1 ______________________________

2 ______________________________

3 ______________________________

4 ______________________________

5 ______________________________

6 ______________________________

7 ______________________________

8 ______________________________

Ganz schön daneben – Kreuzworträtsel

Löse das Kreuzworträtsel mit Hilfe des Textes.

- Geben Sie mir bitte Ihre linke ___
- Frau Turandot ist eine ___
- Sie werden Ihren Urlaub am Meer ___
- Ich habe meine eigene Firma ___
- Sie werden noch dieses Jahr eine ___ bekommen!
- Der Chef ist mit Ihnen ___
- Geben Sie mir bitte Ihre ___
- Erfahre deine ___, stand in einer Anzeige.
- In der ___ stand, dass Sie alles wissen.
- Ein junger ___ kam zu Frau Turandot.
- Ich bin mein eigener ___
- Sie werden viel Geld im ___ gewinnen!

Deine Lösung:

1	2	3	4	5		6	7	8	9	10	11	12

Denk an ___ ___ !

Bilde Sätze mit den vorgegebenen Wörtern

der Chef
sein
zufrieden

verbringen
der Urlaub
das Meer

die Frau
heiraten
jung

Lotto
gewinnen
Geld

die Hand
die Zukunft
lesen

das Ferienhaus
haben
die Berge

die Frau
das Motorrad
fahren

die
Gehaltserhöhung
bekommen
Sie

Stell dir vor, du wärst Hellseherin oder Hellseher wie Frau Turandot. Zu dir kommt eine junge Frau. Welche Zukunft sagst du ihr voraus?

Formuliere in ganzen Sätzen.

B. Jaglarz/G. Bemmerlein: Einfache Texte lesen und verstehen

Lösungen

Lösungen – Seite 6

Laura hat Pech – Lückentext

Trage die fehlenden Wörter in den Text ein.

Diese Wörter musst du einsetzen:
Lehrer, noch, liebt, Bürostuhl, großen, schreibt, wichtiger, Jahre, Problem, Kindergarten, Brief, korrigiert, kannst, Computer, machst

Kevin ist ___noch___ klein. Er ist vier ___Jahre___ alt und geht in den ___Kindergarten___. Das Arbeitszimmer von seinem Vater ___liebt___ der kleine Junge ganz besonders. Vater ist ___Lehrer___ und hat dort einen ___großen___ Schreibtisch. Darauf steht der ___Computer___ und dort liegen Bücher, Hefte, Papier, Füller, Kugelschreiber, Filzstifte, Bleistifte und Radiergummis. Vater ___schreibt___ und ___korrigiert___ nämlich viel.

Eines Tages findet die Mutter Kevin auf dem ___Bürostuhl___ vor dem Schreibtisch. Er hat einen Füller in der Hand und schreibt mit ___wichtiger___ Miene. Sie fragt: „Was ___machst___ du denn?“ Der Junge antwortet: „Ich schreibe einen ___Brief___ an Laura.“ „Aber du ___kannst___ doch gar nicht schreiben!“ „Kein ___Problem___, Laura kann auch nicht lesen.“

Lösungen – Seite 8

Laura hat Pech – Suchrätsel

Welche rückwärts geschriebenen Gegenstände hat der Vater von Kevin in seinem Arbeitszimmer?

der IMMUGREIDAR ___RADIERGUMMI___

der RETUPMOC ___COMPUTER___ das HCUB ___BUCH___

der TFITSZLIF ___FILZSTIFT___ das TFEH ___HEFT___

der RELLÜF ___FÜLLER___ das REIPAP ___PAPIER___

der TFITSIELB ___BLEISTIFT___

der LHUTSORÜB ___BÜROSTUHL___

der HCSITBIERHCS ___SCHREIBTISCH___

der REBIERHCSLEGUK ___KUGELSCHREIBER___

Finde diese elf Wörter und löse das Suchrätsel mithilfe der rückwärts geschriebenen Wörter. (→ ↓)

I	K	A	T	X	E	C	N	B	Z	Y	V	G	B	B	Y	T	Z	N	K	F
H	U	L	S	C	H	R	E	I	B	T	I	S	C	H	T	L	V	O	S	M
S	G	C	H	Y	A	Y	O	Z	F	V	H	P	K	R	L	K	B	Q	U	R
R	E	G	X	F	Ü	L	L	E	R	V	M	M	R	M	F	X	Ü	I	P	O
J	L	H	Q	I	S	N	U	D	C	P	Y	S	V	F	I	Q	R	Y	K	V
Q	S	O	P	M	B	U	C	H	N	D	M	T	U	K	L	R	O	Z	Y	N
J	C	C	D	B	O	T	W	J	K	U	A	R	K	L	Z	P	S	D	P	C
P	H	F	B	L	E	I	S	T	I	F	T	J	K	S	S	I	T	C	A	P
Y	R	T	Q	V	E	V	Q	X	J	Y	U	U	B	L	T	A	U	K	P	V
F	E	J	N	K	J	E	J	J	B	S	S	O	S	X	I	S	H	H	I	A
O	I	C	R	A	D	I	E	R	G	U	M	M	I	X	F	F	L	X	E	R
S	B	V	N	N	U	T	Y	H	A	L	R	E	U	R	T	V	P	M	R	I
R	E	V	K	F	B	H	E	O	O	Q	W	I	X	B	Q	H	Q	C	Z	H
C	R	Z	T	C	O	M	P	U	T	E	R	M	J	H	E	F	T	I	F	A
V	L	P	F	W	V	G	R	P	G	H	N	M	U	P	I	D	D	E	O	S

Lösungen – Seite 9

Laura hat Pech – Wörter suchen

Hinter den Kästchen sind 20 Substantive aus dem Text in Singular und Plural (Einzahl und Mehrzahl) versteckt. Finde sie.

der VATER
der BRIEF
das PROBLEM
der BÜROSTUHL
die HEFTE
die HAND
der KUGELSCHREIBER
der KINDERGARTEN
die MUTTER
die BÜCHER
der FÜLLER
der LEHRER
die FILZSTIFTE
die BLEISTIFTE
der SCHREIBTISCH
der COMPUTER
das ARBEITSZIMMER
das PAPIER
der JUNGE
die RADIERGUMMIS

Lösungen – Seite 10

Laura hat Pech – Kreuzworträtsel

Finde die fehlenden Wörter im Text und löse das Kreuzworträtsel.

Kevin liebt den	SCHREIBTI**S**CH
Kevin schreibt einen Brief an	LA**U**RA
Auf dem Schreibtisch steht der	COM**P**UTER
Kevin kann nicht	SCHR**E**IBEN
Kevin ist vier … alt.	JAH**R**E
Er liebt Vaters	ARBEI**T**SZIMMER
Die Mutter findet Kevin auf dem	BÜR**O**STUHL
Kevin ist noch	K**L**EIN
Laura kann nicht	**L**ESEN

Das Lösungswort:

1	2	3	4	5	6	7	8	9	
S	U	P	E	R	T	O	L	L	!

Lösungen – Seite 13

Niklas pflückt Kirschen – Lückentext

Trage die fehlenden Wörter in den Text ein.

Diese Wörter musst du einsetzen:
Jahreszeiten, aufgepasst, Pause, Herbst, regnet, länger, Pflanzen, Nächte, Früchte, kurz, Nachbar, heiß, Wetter, Luft, ernten, Kirschen, scheint, bunten, Bäume, warm, blühen

Heute lernt Niklas in der Schule die vier ___Jahreszeiten___. Die Lehrerin sagt: „Die vier Jahreszeiten heißen Frühling, Sommer, ___Herbst___ und Winter. Im Frühling wird das ___Wetter___ ___warm___. Die Tage werden wieder ___länger___. Die ___Pflanzen___ fangen an zu wachsen. Die Blumen, die Büsche und die Bäume ___blühen___. Im Sommer sind die ___Nächte___ kurz. Die Sonne brennt oft ___heiß___ vom Himmel. Nun reifen die ___Früchte___ auf dem Acker und im Garten. Im Laufe des Sommers ___ernten___ die Menschen die Früchte. Im Herbst wird es kühl. Es ___regnet___ viel und oft gibt es Sturm. Die ___bunten___ Blätter fallen von den Bäumen. Im Winter ist die ___Luft___ kalt. Nur selten ___scheint___ die Sonne. Es schneit und die ___Bäume___ sind kahl."

Die Lehrerin macht eine ___Pause___ und fragt Niklas:

„Niklas, du hast bestimmt ___aufgepasst___. Erkläre der Klasse, wann du am besten ___Kirschen___ pflückst."

Niklas überlegt ___kurz___ und antwortet: „Wenn mein ___Nachbar___ nicht daheim ist und seine Hunde nicht im Garten herumlaufen."

Lösungen – Seite 15

Niklas pflückt Kirschen – Wörter suchen

Finde und schreibe die Namen der vier Jahreszeiten.

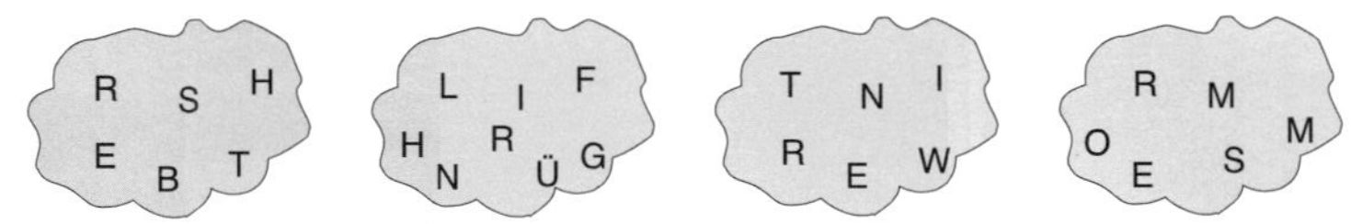

der ___HERBST___ der ___FRÜHLING___ der ___WINTER___ der ___SOMMER___

Lies die Sätze und schreibe die passende Jahreszeit dazu.

Es regnet viel und oft gibt es Sturm. Die bunten Blätter fallen von den Bäumen.	Es ist der ___Herbst___.
Die Nächte sind kurz. Die Sonne brennt oft heiß vom Himmel.	Es ist der ___Sommer___.
Die Sonne scheint selten. Es schneit und die Bäume sind kahl.	Es ist der ___Winter___.
Die Tage werden länger. Die Pflanzen fangen an zu wachsen.	Es ist der ___Frühling___.

Lösungen – Seite 16

Niklas pflückt Kirschen – Kreuzworträtsel

Hier haben sich 15 Substantive (Hauptwörter) aus dem Text versteckt. Finde sie und löse das Kreuzworträtsel.

- HUN**D**E
- FRÜHL**I**NG
- HIMM**E**L
- KLA**S**SE
- S**O**MMER
- SON**N**E
- WI**N**TER
- BLUM**E**N
- MEN**S**CHEN
- FRÜ**C**HTE
- KIRSC**H**EN
- GART**E**N
- JAHRESZE**I**TEN
- PFLA**N**ZEN
- BLÄ**T**TER

Die Lösung:

	1	2	3		4	5	6	7	8		9	10	11	12	13	14	15	
Es ist schön, wenn	D	I	E		S	O	N	N	E		S	C	H	E	I	N	T	!

Lösungen – Seite 19

SMS aus Hamburg – Lückentext

Trage die fehlenden Wörter in den Text ein.

Diese Wörter musst du einsetzen:
Finger, Schwester, gefällt, küsse, Schuljahr, gebe, protestiert, will, kurz, wahnsinnig, weh, Hand, SMS, einfach, Handy, Klassenfahrt, Lust, muss

SMS aus Hamburg

Das neue _Schuljahr_ beginnt gut. Die Klasse 7c ist auf _Klassenfahrt_ in Hamburg. Die große Stadt _gefällt_ den Schülern. Am Abend grillt die Klasse Würstchen. Benni verbrennt sich dabei die _Finger_.

Jetzt _will_ er seiner Familie eine SMS schicken. Aber mit Brandblasen an den Fingern tut ihm das Schreiben _weh_. Er sagt zu Tom: „Ich _gebe_ dir mein Handy, bitte tippe du für mich." „Gut, fang an", meint Tom. Er klappt Bennis _Handy_ auf und wartet. Benni diktiert: „Habe mir die rechte _Hand_ etwas verbrannt. Sonst geht es mir gut. Ich _küsse_ euch, Mutter, Vater, Opa Jürgen, Oma Kerstin, Oma Ulla, Kevin, …"

„He!", _protestiert_ Tom, „ich habe keine _Lust_, deine Familie einzeln ins Handy zu tippen. Sag doch _kurz_ und _einfach_: Ich küsse euch alle. Dann _muss_ ich nicht endlos schreiben und wir sind bald mit der _SMS_ fertig." Da entgegnet Benni: „Bist du _wahnsinnig_? Soll vielleicht meine blöde _Schwester_ Sonja denken, ich küsse sie auch?"

Lösungen – Seite 21

SMS aus Hamburg – Was gehört zusammen?

Trage die Zahlen richtig ein:

1	Er will der Familie	8	grillt die Klasse Würstchen.
2	Die große Stadt	7	ist auf Klassenfahrt.
3	Benni verbrennt sich	6	und tippt den Text.
4	Der Text ist zu lang,	5	beginnt ganz gut.
5	Das neue Schuljahr	3	die Finger.
6	Tom hilft ihm	4	deshalb protestiert Tom.
7	Die Klasse 7c	2	gefällt den Schülern.
8	Am Abend	1	eine SMS schicken.

Schreibe nun die ganzen Sätze.

1. Er will der Familie eine SMS schicken.
2. Die große Stadt gefällt den Schülern.
3. Benni verbrennt sich die Finger.
4. Der Text ist zu lang, deshalb protestiert Tom.
5. Das neue Schuljahr beginnt ganz gut.
6. Tom hilft ihm und tippt den Text.
7. Die Klasse 7c ist auf Klassenfahrt.
8. Am Abend grillt die Klasse Würstchen.

Lösungen – Seite 22

SMS aus Hamburg – Suchrätsel

Welche zwölf Substantive aus dem Text sind rückwärts geschrieben?

die DNAH **HAND**

die AMO **OMA**

der RETAV **VATER**

das RHAJLUHCS **SCHULJAHR**

die RETSEWHCS **SCHWESTER**

das NEHCTSRÜW **WÜRSTCHEN**

das YDNAH **HANDY**

der APO **OPA**

die RETTUM **MUTTER**

der REGNIF **FINGER**

die EILIMAF **FAMILIE**

die ESSALK **KLASSE**

Finde diese zwölf Wörter und löse das Suchrätsel mithilfe der rückwärts geschriebenen Wörter. (→ ↓)

Y	A	Z	X	H	E	Q	I	H	R	H	I	L	E	X	U	F	E	R	K	I	I	V
C	N	J	G	K	L	A	S	S	E	M	F	M	C	M	J	O	S	A	L	X	P	H
P	S	J	O	M	K	P	J	E	E	G	W	H	S	C	H	U	L	J	A	H	R	Q
P	C	B	R	M	K	D	D	O	J	G	Ü	C	M	D	Q	W	E	Q	U	P	O	R
R	H	C	G	U	E	W	D	M	E	X	R	H	H	M	I	H	A	N	D	F	F	G
S	W	G	J	T	V	W	X	A	F	S	S	A	A	O	K	Y	V	P	N	U	O	U
I	E	Q	T	T	I	C	R	D	N	T	T	C	N	T	C	H	W	S	L	F	W	D
G	S	P	W	E	I	W	P	I	F	L	C	R	D	U	T	P	Q	C	V	T	W	N
R	T	J	M	R	T	T	F	E	V	V	H	G	Y	G	X	B	A	M	A	S	Z	P
R	E	S	P	U	P	D	I	F	B	V	E	G	G	V	E	K	J	T	T	Y	G	W
M	R	H	F	A	M	I	L	I	E	S	N	N	I	B	X	E	X	K	E	X	G	U
X	F	Q	L	V	N	C	W	Q	H	A	Q	S	N	U	T	W	B	V	R	I	G	N
P	N	X	C	L	G	R	T	O	D	J	E	R	Q	R	G	M	E	U	P	A	Q	X
Y	U	K	S	A	I	F	R	P	T	T	F	I	N	G	E	R	X	G	O	M	B	C
X	C	L	X	U	U	R	A	A	F	O	B	D	D	G	T	H	R	Q	U	G	H	J
J	O	D	H	Y	S	X	W	N	R	K	S	A	H	J	N	N	V	B	L	P	Y	K

SMS aus Hamburg – Bennis Familie

Zeige die Familie von Benni, trage richtig ein:

Bennis Familie:

Oma Kerstin, Kevin, Vater, Sonja, Opa Jürgen, Oma Ulla, Mutter, Benni

- **die Großeltern**: *Oma Kerstin*, *Opa Jürgen*, *Oma Ulla*
- **die Eltern**: *Vater*, *Mutter*
- **die Kinder**: *Kevin*, *Benni*, *Sonja*

Zeige genauso deine Familie.

Meine Familie:

Gehen Sie an die frische Luft – Lückentext

Trage die fehlenden Wörter in den Text ein.

Diese Wörter musst du einsetzen:
modernen, mindestens, wohl, Sport, Sprechzimmer, Beruf, gründlich, meistens, nach, spazieren, bin, Bewegung, Arzt, aus, kann, Medikamente, Luft, sagt

Gehen Sie an die frische Luft

Herr Krämer fühlt sich nicht *wohl*. Er geht zu einem *Arzt* und lässt sich untersuchen.

Nun sitzt er im *Sprechzimmer* von Herrn Dr. Spee. Der Arzt untersucht seinen Patienten *gründlich*. Dann *sagt* er: „So ist das heute mit den *modernen* Berufen“. „Die Menschen sitzen *meistens* am Schreibtisch vor dem Computer. Sie haben zu wenig *Bewegung* und kommen kaum *aus* dem Haus. Sie treiben selten *Sport* und haben sehr viel Stress. Ich *kann* ihnen aber helfen. Ich werde ihnen keine *Medikamente* verschreiben! Gehen Sie jeden Tag *mindestens* zwei Stunden lang im Wald spazieren. Atmen Sie die gesunde *Luft* und entspannen Sie sich.“

„Na gut“, fragt Herr Krämer, „wann soll ich denn *spazieren* gehen? Vor oder *nach* der Arbeit?“ „Welchen *Beruf* haben Sie denn?“, erkundigt sich der Arzt. „Ich *bin* Förster, Herr Doktor.“

Lösungen – Seite 28

Gehen Sie an die frische Luft – Wörter suchen

Welche Wörter aus dem Text (Substantive) sind hier rückwärts geschrieben?

der HCSITBIERHCS **SCHREIBTISCH**

der RETUPMOC **COMPUTER** die TFUL **LUFT**

die GNUGEWEB **BEWEGUNG** der FUREB **BERUF**

das REMMIZHCERPS **SPRECHZIMMER** der TZRA **ARZT**

der SSERTS **STRESS** der ROTKOD **DOKTOR**

der TNEITAP **PATIENT**

die ETNEMAKIDEM **MEDIKAMENTE**

der RETSRÖF **FÖRSTER**

Finde diese Wörter im Suchrätsel. (→ ↓)

E	G	V	W	R	I	D	D	S	R	F	Z	F	K	Y	K	P	J	H	Y	U	Q	P
D	S	F	D	I	X	N	M	U	P	V	H	B	E	W	E	G	U	N	G	O	S	S
B	C	O	S	T	R	E	S	S	T	L	I	S	E	I	R	E	F	V	K	H	P	U
C	H	T	U	B	S	G	L	I	Y	Y	G	C	J	F	J	F	X	T	D	K	R	X
F	R	D	K	T	S	X	F	C	O	M	P	U	T	E	R	C	I	F	I	W	E	J
O	E	O	S	Y	L	J	B	Y	G	C	J	V	T	S	L	P	X	N	C	V	C	J
Y	I	X	B	W	U	J	A	I	T	D	K	N	V	D	S	P	B	B	E	H	H	B
V	B	S	L	V	F	Z	R	R	T	V	M	Q	S	J	D	K	E	A	U	T	Z	V
Y	T	M	L	K	T	K	Z	F	P	A	T	I	E	N	T	K	R	H	N	K	I	C
G	I	Z	Q	U	I	F	T	P	H	Q	J	U	L	V	S	V	U	L	M	R	M	N
B	S	P	G	D	H	V	J	X	U	F	T	R	G	M	Q	G	F	X	E	W	M	J
B	C	K	Y	M	E	D	I	K	A	M	E	N	T	E	R	L	O	A	R	G	E	T
R	H	F	L	C	R	B	G	J	Y	S	G	K	N	I	D	N	Y	Q	G	G	R	X
L	M	L	D	O	K	T	O	R	O	O	G	L	F	Ö	R	S	T	E	R	U	L	R
V	L	V	B	T	N	C	A	Q	K	R	T	R	L	Q	Z	W	Q	W	B	E	P	H

Lösungen – Seite 29

Gehen Sie an die frische Luft – richtig oder falsch?

Welcher Satz ist richtig? Kreuze an.

	richtig	falsch
1. Herr Krämer fühlt sich wohl.	B	☒ (D)
2. Er geht zu einem Arzt.	☒ (E)	A
3. Der Arzt untersucht ihn gründlich.	☒ (R)	P
4. Die Menschen sitzen oft am Schreibtisch.	☒ (K)	M
5. Die Menschen haben viel Bewegung.	B	☒ (L)
6. Die Menschen treiben oft Sport.	O	☒ (U)
7. Die Menschen haben wenig Stress.	W	☒ (G)
8. Dr. Spee kann dem Patienten helfen.	☒ (E)	A
9. Der Arzt verschreibt Herrn Krämer einige Medikamente.	C	☒ (A)
10. Herr Krämer soll jede Woche im Wald spazieren.	P	☒ (R)
11. Er soll die gesunde Luft atmen.	☒ (Z)	S
12. Herr Krämer ist von Beruf Lehrer.	U	☒ (T)

Die Lösung:

	1	2	3	4	5	6	7	8	9	10	11	12
Da staunte aber	**D**	**E**	**R**	**K**	**L**	**U**	**G**	**E**	**A**	**R**	**Z**	**T**

Lösungen – Seite 30

Gehen Sie an die frische Luft – der Förster

Die Aufgaben des Försters: Was ist richtig? Kreuze an.

	richtig	falsch
1. Tiere füttern.	☒ P	G
2. Brötchen backen.	O	☒ A
3. Bäume pflanzen.	☒ T	F
4. Waldbrand löschen.	☒ I	E
5. Schuhe putzen.	R	☒ E
6. Spaziergänger belehren.	☒ N	I
7. Tiere jagen.	☒ T	E

Das Lösungswort:

der P A T I E N T

Male den Förster bei der Arbeit.

Lösungen – Seite 33

Die beste Werbung – Lückentext

Trage die fehlenden Wörter in den Text ein.

Diese Wörter musst du einsetzen:
Woche, jeder, Geschäft, beste, schlecht, Leute, neues, Marktplatz, drei, Kunden, meisten, Stadt, hängt, später, Frisör, lässt, Salon, weiter

Herr Wagner ist Frisör. Er hat am _Marktplatz_ der Stadt seinen Salon. Zu ihm kommen nur wenige _Kunden_. Aber der Frisör hat eine Idee. Er kauft sich für die Tür ein _neues_ Schild. Auf das Schild _lässt_ er schreiben: „Herr Wagner, der _beste_ Frisör der Stadt."

Drei Häuser _weiter_ arbeitet sein Kollege, Herr Mayer. Einige Tage _später_ lesen die Kunden an der Tür seines Frisörladens auch ein Schild: „Herr Mayer, der beste _Frisör_ Deutschlands."

Auch ein dritter Frisör hat sein _Geschäft_ am Markt: Er schreibt vor seinen Frisörsalon: „Herr Schmitt, der beste Frisör der Welt."

Bald darauf zieht ein neuer Frisör, Herr Stein, in die _Stadt_. Sein Freund warnt ihn: „Eröffne deinen _Salon_ nicht am Markt. Dort arbeiten schon _drei_ Frisöre. Und _jeder_ von ihnen meint, besser zu sein als die anderen." Herr Stein aber sagt: „Nicht _schlecht_, genau dort mache ich meinen Salon auf." Eine _Woche_ darauf eröffnet Herr Stein am Markt den neuen Frisörladen. An der Tür _hängt_ auch bei ihm ein Schild. Darauf steht: „Herr Stein, der beste Frisör am Marktplatz". Da lachen die _Leute_ über den schlauen Frisör. Schnell hat Herr Stein die _meisten_ Kunden.

Lösungen – Seite 35

Die beste Werbung – Wörter suchen

Hinter den Kästchen sind 18 Substantive (Singular und Plural) aus dem Text versteckt. Finde sie.

die Tür

das Schild

der Frisörladen

die Tage

die Häuser

die Stadt

der Freund

der Frisör

die Idee

der Kollege

das Geschäft

die Leute

die Welt

die Kunden

der Herr

der Marktplatz

die Woche

der Frisörsalon

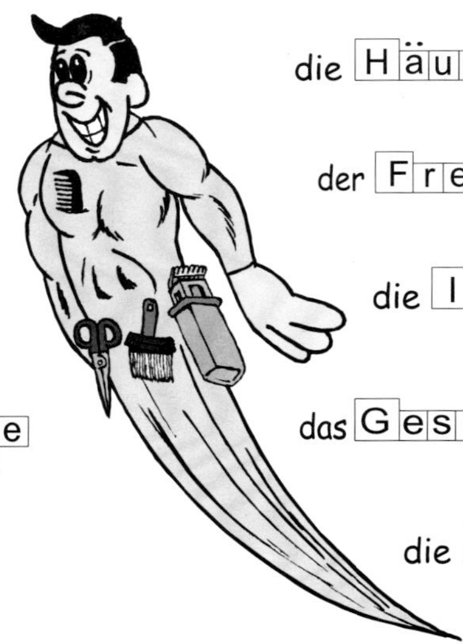

Lösungen – Seite 36

Die beste Werbung – richtig oder falsch?

Welcher Satz ist richtig? Kreuze an.

	richtig	falsch
1. Herr Wagner ist Apotheker.	B	☒ (D)
2. Er hat am Marktplatz seinen Salon.	☒ (E)	A
3. Zu ihm kommen viele Kunden.	P	☒ (R)
4. Er hat eine Idee.	☒ (K)	M
5. Er kauft sich für das Fenster ein neues Schild.	S	☒ (L)
6. Drei Häuser weiter arbeitet sein Kollege.	☒ (U)	O
7. Einige Tage später lesen die Kunden auch ein Schild.	☒ (G)	P
8. Er schreibt: „Herr Schmidt, der beste Apotheker der Welt!“	I	☒ (E)
9. Bald darauf zieht Herr Stein in die Stadt.	☒ (F)	G
10. Ein Freund warnt Herrn Stein.	☒ (R)	S
11. Am Markt arbeiten schon vier Frisöre.	A	☒ (I)
12. Eine Woche darauf eröffnet Herr Stein am Markt den neuen Frisörladen.	☒ (S)	P
13. Die Leute lachen über den schlauen Frisör.	☒ (Ö)	Ä
14. Schnell hat Herr Wagner die meisten Kunden.	W	☒ (R)

Die Lösung:

	1	2	3	4	5	6	7	8	9	10	11	12	13	14
gewonnen hat	D	E	R	K	L	U	G	E	F	R	I	S	Ö	R

Lösungen – Seite 39

Die Gebrauchsanweisung – Lückentext

Trage die fehlenden Wörter in den Text ein.

Diese Wörter musst du einsetzen:
erstaunt, Schreien, Oberkörper, verschreibt, Arzt, Tür, Schnupfen, atmen, Kraft, schlecht, Hausarzt, bleiben, krank, Besserung, los, untersucht, misst, täglich, wieder, Gebrauch, Schlafzimmer, schütteln, nehmen

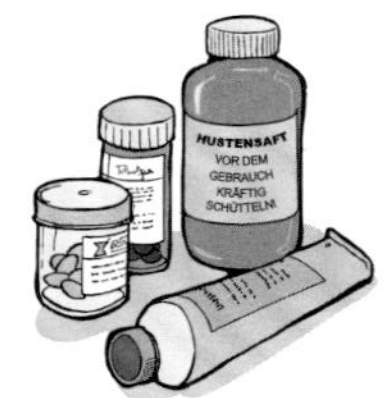

Die Gebrauchsanweisung

Herr Stolz ist _krank_. Er hat Fieber, Kopfschmerzen, starken _Schnupfen_, Husten und Halsschmerzen. Frau Stolz ruft den _Hausarzt_ an und bittet um einen Besuch.

Am Abend kommt der Arzt und _untersucht_ den Kranken gründlich. „Machen Sie den _Oberkörper_ frei! So, jetzt _atmen_ Sie tief! Husten Sie bitte!“ Er _misst_ ihm die Temperatur und den Blutdruck. „Oh, das ist ja hohes Fieber!“, sagt er. Dann _verschreibt_ er ihm Tabletten, eine Salbe und einen Hustensaft.

„Alles nicht so schlimm, Herr Stolz“, sagt der _Arzt_. „Nehmen Sie den Hustensaft dreimal _täglich_ vor dem Essen und die Tabletten nach dem Essen. Trinken Sie viel und _bleiben_ Sie im Bett. Ich wünsche Ihnen gute _Besserung_.“

Nach zwei Tagen kommt der Arzt _wieder_, um nach Herrn Stolz zu sehen. An der Haustür hört er lautes _Schreien_. „Oh, Herrn Stolz muss es aber _schlecht_ gehen“, denkt der Arzt. Er klingelt an der Tür und als niemand öffnet, macht er die _Tür_ selbst auf. Schnell geht er ins _Schlafzimmer_. Dort schütteln Frau Stolz und eine Nachbarin mit aller _Kraft_ den Kranken hin und her.

Erstaunt fragt der Arzt: „Aber was ist denn hier _los_?“ „Er muss jetzt den Hustensaft _nehmen_“, erklärt Frau Stolz. „Aber deshalb brauchen Sie doch Ihren Mann nicht zu _schütteln_“, entgegnet der Arzt. „Doch, Herr Doktor. Schauen Sie bitte auf die Aufschrift: Vor dem _Gebrauch_ kräftig schütteln.“

Lösungen – Seite 41

Die Gebrauchsanweisung – Buchstabensalat

Welche Beschwerden hat Herr Stolz? Finde sie und schreibe.

SNLAMZS RHCEHE – Halsschmerzen

ESNHUT – Husten

MRKEHSCNFOEPZ – Kopfschmerzen

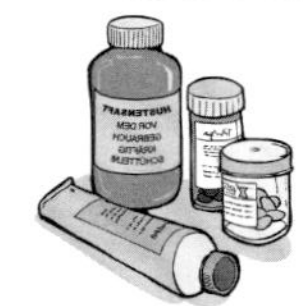

EEBRIF – Fieber

PEHNFNUSC – Schnupfen

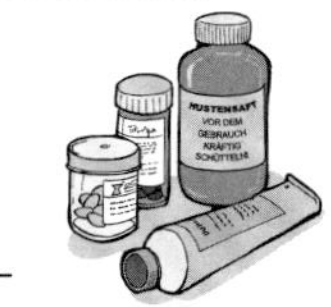

Was macht der Hausarzt? Kreuze an:

		richtig	falsch
1.	Er schüttelt den Kranken hin und her.	B	☒ H
2.	Er verschreibt die Tabletten.	☒ A	E
3.	Er kommt am Nachmittag.	P	☒ U
4.	Er kocht dem Kranken Tee.	K	☒ S
5.	Er untersucht Herrn Stolz gründlich.	☒ A	L
6.	Er misst ihm die Temperatur.	☒ R	O
7.	Er geht schnell ins Wohnzimmer.	G	☒ Z
8.	Er wünscht gute Besserung.	☒ T	E

Die Lösung:

1	2	3	4	5	6	7	8
H	A	U	S	A	R	Z	T

Jeder Mensch braucht einen **HAUSARZT**

Lösungen – Seite 42

Die Gebrauchsanweisung – Kreuzworträtsel

Finde die fehlenden Wörter im Text und löse das Kreuzworträtsel.

Herr Stolz hat K O P F S C H **M** E R Z E N

Das ist ja hohes F I E B **E** R!“

Der Arzt misst den B L U T **D** R U C K

Der Arzt geht schnell ins S C H L A F Z **I** M M E R

Der Arzt untersucht den K R A N **K** E N

Frau Stolz ruft den H A U S **A** R Z T an.

Der Arzt misst die T E **M** P E R A T U R

„Ich wünsche Ihnen gute B E S S **E** R U N G“

Herr Stolz hat starken S C H **N** U P F E N

Der Arzt verschreibt die T A B L E **T** T E N

„Machen Sie den O B **E** R K Ö R P E R frei!“

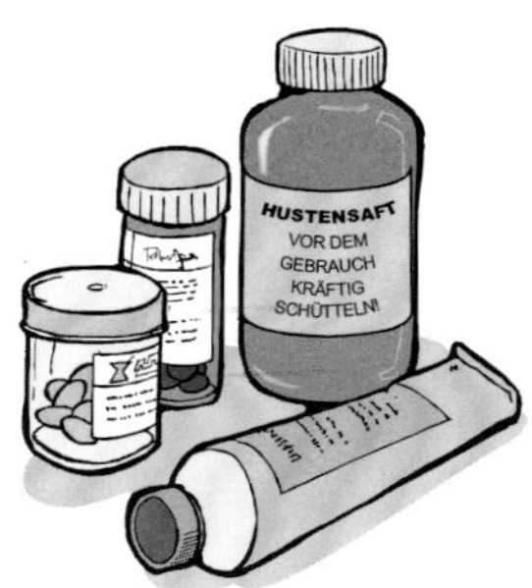

Die Lösung:

Herr Stolz muss die **M E D I K A M E N T E** (1–11) nehmen.

Lösungen – Seite 45

Der erste Kunde – Lückentext

Trage die fehlenden Wörter in den Text ein.

Diese Wörter musst du einsetzen:
Werbung, Hörer, Brücke, Geld, beschäftigt, Möbel, erste, grinste, Postbote, rasch, klingelte, Architektin, Gesicht, lieferte, Kunde, kam, Geräte, arbeitete, Landesbaudirektor, renovierte, Telefongesellschaft, modernen, klingelte

Frau Meisner ist *Architektin*. Lange *arbeitete* sie als Angestellte. Endlich hatte sie genug *Geld*, um ein eigenes Architekturbüro zu eröffnen. Eine Baufirma *renovierte* das Büro und brachte für Frau Meisner neue *Möbel* und *Geräte*.

Am ersten Tag saß die Architektin in Ihrem Büro vor dem *modernen* Schreibtisch und wartete. „Wenigstens ein einziger *Kunde*“, dachte sie. Aber es *kam* kein Kunde. Stattdessen *klingelte* der Gärtner und *lieferte* Pflanzen für die Fenster. Später kam der *Postbote*. Aber er brachte nur *Werbung*.

Als es an der Tür wieder *klingelte*, drückte Frau Meisner erwartungsvoll den Türöffner. „Endlich der *erste* Kunde“, dachte sie. Um ihn zu beeindrucken, nahm sie *rasch* das Telefon und sprach hinein: „Ich weiß, die *Brücke* ist riesengroß, 500 Meter lang, aber ich kriege das locker hin! Es ist ja nicht mein erster Millionenauftrag! Leider bin ich jetzt noch *beschäftigt*. Ich rufe Sie noch heute Nachmittag zurück. Auf Wiederhören, Herr *Landesbaudirektor*!“ Sie drehte sich um und legte den Hörer auf. Dann lächelte sie den jungen Mann an, der vor ihr stand und fragte: „Sie wünschen?“

Der Mann *grinste* über das ganze *Gesicht*: „Guten Morgen, Frau Meisner! Ich bin von der *Telefongesellschaft*. Ich soll Ihr Telefon anschließen.“

Lösungen – Seite 47

Der erste Kunde – Kreuzworträtsel

Löse das Kreuzworträtsel mithilfe der rückwärts geschriebenen Wörter.

der ETLLETSEGNA **ANGESTELLTE**

der ETOBTSOP **POSTBOTE**

die EKCÜRB **BRÜCKE**

der AMRIFUAB **BAUFIRMA**

das NOFELET **TELEFON**

die NEZNALFP **PFLANZEN**

das THCISEG **GESICHT**

der GNUBREW **WERBUNG**

die NITKETIHCRA **ARCHITEKTIN**

				G	E	S	I	C	H	T					
	T	E	L	E	F	O	N								
P	F	L	A	N	Z	E	N								
		B	A	U	F	I	R	M	A						
					A	N	G	E	S	T	E	L	L	T	E
						P	O	S	T	B	O	T	E		
					W	E	R	B	U	N	G				
			B	R	Ü	C	K	E							
			A	R	C	H	I	T	E	K	T	I	N		

1 2 3 4 5 6 7 8 9

Lösung: **SO EIN PECH!**

Lösungen – Seite 48

Der erste Kunde – Wortsalat

Der Text „Der erste Kunde" ist im Präteritum geschrieben. Finde die entsprechenden Infinitive.

r d e ü c k n	drücken
p r h e c e s n	sprechen
n ö r f e f e n	eröffnen
n i s n r e g	grinsen
n ä e c h l l	lächeln
d e n n e k	denken
a w n e t r	warten
f a r g n e	fragen
n h e m e n	nehmen
l i n e l k g n	klingeln
t s n e h e	stehen
n i n b g e r	bringen
e b t n r e a i	arbeiten
o e r e e n v r n i	renovieren
i r e f e n l	liefern
k e m n m o	kommen

Lösungen – Seite 51

Ein seltener Wunsch – Lückentext

Trage die fehlenden Wörter in den Text ein.

Diese Wörter musst du einsetzen:
abgenommen, will, schneiden, Stück, Geschäft, ganz, Kühltheke, leider, Wochen, erwiderte, Kunde, kostet, Papier, ärgerliches, genau, Fleisch, Menge, Waage, sehen, Metzgerladen, staunte, sechs

Ein seltener Wunsch

Ein älterer Herr kam in einen _Metzgerladen_ und sagte zum Metzger: „Bitte _schneiden_ Sie mir von dem großen Bratenstück hier 5300 Gramm ab.“ Der Metzger _staunte_ über die große Menge. Er freute sich auf das gute _Geschäft_ und schnitt gleich ein riesiges Stück ab. Er legte es auf die _Waage_ und sagte: „Das ist _leider_ etwas größer. Es sind _sechs_ Kilogramm. Kann ich Ihnen das _Stück_ so geben?“ „Ach nein, ich möchte die Menge bitte ganz _genau_ abgewogen haben“, sagte der Kunde. „Das ist nicht _ganz_ einfach. Und ein _Kunde_, der so viel Fleisch aufs Gramm genau möchte, ist selten“, _erwiderte_ der Metzger. Er schnitt so lange _Fleisch_ ab, bis das Stück genau 5300 Gramm wog.

„Das Fleisch _kostet_ 9,60 Euro pro Kilo“, sagte der Metzger. Er wickelte das Fleisch in _Papier_ und trug es zur Kasse, um dort den Preis für das Stück auszurechnen. Da sprach der Mann: „Bitte lassen Sie das Fleisch in der _Kühltheke_ liegen. Ich _will_ es nicht kaufen. So viel Fleisch esse ich in einem Monat nicht.“ Der Metzger machte ein _ärgerliches_ Gesicht: „Warum sollte ich dann genau diese _Menge_ schneiden und abwiegen?“ Da antwortete der Herr: „Wissen Sie, ich war drei _Wochen_ lang im Kururlaub. Dort habe ich genau 5300 Gramm _abgenommen_. Jetzt wollte ich _sehen_, wie viel das ist.“

Lösungen – Seite 53

Ein seltener Wunsch – Satzteile

Was gehört zusammen? Beziffere richtig.

1	Er schnitt so lange Fleisch ab,	8	auf das gute Geschäft.
2	Der Metzger staunte	4	in der Kühltheke liegen.“
3	Er wickelte das Fleisch in Papier	6	esse ich in einem Monat nicht.
4	„Bitte lassen Sie das Fleisch	2	über die große Menge.
5	Ein älterer Herr	3	und trug es zur Kasse.
6	So viel Fleisch	7	ein ärgerliches Gesicht.
7	Der Metzger machte	1	bis das Stück 5300 Gramm wog.
8	Er freute sich	5	kam in einen Metzgerladen.

Schreibe nun die ganzen Sätze.

1 Er schnitt so lange Fleisch ab, bis das Stück 5300 Gramm wog.

2 Der Metzger staunte über die große Menge.

3 Er wickelte das Fleisch in Papier und trug es zur Kasse.

4 „Bitte lassen Sie das Fleisch in der Kühltheke liegen.“

5 Ein älterer Herr kam in einen Metzgerladen.

6 So viel Fleisch esse ich in einem Monat nicht.

7 Der Metzger machte ein ärgerliches Gesicht.

8 Er freute sich auf das gute Geschäft.

B. Jaglarz/G. Bemmerlein: Einfache Texte lesen und verstehen
© Persen Verlag

Lösungen – Seite 57

Der Wetterprophet – Lückentext

Diese Wörter musst du einsetzen:
repariert, Wettervorhersage, nachdenklich, berühmt, vorhersagen, Segelbooten, Trainer, fragte, alten, Netz, besser, Rennen, Fernseher, prahlte, Hafen, Regatta, Wetter, übten, Fischer, diesmal

Der Wetterprophet

An einem Sonntag im Juli war die große _Regatta_. Viele Mannschaften _übten_ schon Tage vorher auf dem Meer. Für das Fahren von _Segelbooten_ ist es wichtig zu wissen, wie Wind und Wetter werden.

Der Trainer einer Mannschaft hörte, dass in einer Hütte am _Hafen_ wein alter Fischer wohnte. Er war _berühmt_ dafür, schon Tage zuvor das Wetter _vorhersagen_ zu können.

An jedem Morgen vor dem Rennen ging der _Trainer_ zu der Hütte. Er _fragte_ den Fischer nach Wind, Sturm und Regen. Immer waren die Voraussagen des _alten_ Mannes richtig. Der Trainer war sehr zufrieden. „Der Alte ist _besser_ als Fernsehen und Internet zusammen!“, _prahlte_ er vor seiner Mannschaft.

Auch am Sonntagmorgen vor dem _Rennen_ ging er wieder zu dem Fischer. Doch der Alte gab ihm _diesmal_ keine Prognose. Er blickte den Trainer nur _nachdenklich_ und schweigend an. Verzweifelt bat ihn der Trainer um eine _Wettervorhersage_ für das entscheidende Rennen. Schließlich sagte der Alte: „Es tut mir wirklich leid. Ich kann Ihnen heute nichts zum _Wetter_ sagen. Mein _Fernseher_ ist kaputt. Kommen Sie wieder, wenn er _repariert_ ist.“ Dann drehte sich der _Fischer_ um, flickte in Ruhe sein _Netz_ weiter und rauchte gemütlich seine Pfeife.

B. Jaglarz/G. Bemmerlein: Einfache Texte lesen und verstehen

Lösungen – Seite 59

Der Wetterprophet – Kreuzworträtsel

Löse das Kreuzworträtsel mithilfe des Textes.

Der Fischer rauchte gemütlich seine	P **F** E I F E
Es ist wichtig zu wissen, wie	W **I** N D und Wetter werden.
Am Sonntagmorgen ging der Trainer zum	F I **S** C H E R
Der Trainer prahlte vor seiner	M A N N S **C** H A F T
Der Trainer bat verzweifelt um eine	W E T T E R V O R **H** E R S A G E
Der Fischer flickte in Ruhe sein	N **E** T Z
Der Alte gab diesmal keine	P **R** O G N O S E
Mein	F E R N S E **H** E R ist kaputt.
Der Fischer wohnt in einer	H **Ü** T T E
Am Sonntag war die große	R E G A **T** T A
Der Trainer fragte den Fischer nach Wind,	S **T** U R M und Regen.
Die Mannschaften übten auf dem	M **E** E R

Die Lösung:

Jeden Morgen ging der Tainer zur

1	2	3	4	5	6	7	8	9	10	11	12
F	I	S	C	H	E	R	H	Ü	T	T	E

B. Jaglarz/G. Bemmerlein: Einfache Texte lesen und verstehen

Lösungen – Seite 60

Der Wetterprophet – richtig oder falsch?

Welcher Satz ist richtig? Kreuze an.

		richtig	falsch
1.	Die große Regatta war im Juni.	P	☒ R
2.	Eine Mannschaft übte schon Tage vorher auf dem Meer.	A	☒ E
3.	Für das Fahren von Segelbooten ist das Wetter sehr wichtig.	☒ G	D
4.	Ein junger Fischer wohnte am Hafen.	I	☒ A
5.	Der Fischer konnte das Wetter schon Tage zuvor voraussagen.	☒ T	L
6.	Die Voraussagen des alten Mannes waren immer richtig.	☒ T	W
7.	Der Trainer war mit den Voraussagen nicht zufrieden.	O	☒ A
8.	Am Samstagmorgen ging der Trainer wieder zu dem Fischer.	P	☒ A
9.	Der Alte gab auch diesmal eine Prognose.	S	☒ M
10.	Der Fischer blickte den Trainer nachdenklich und schweigend an.	☒ M	E
11.	Der Alte konnte am Sonntag zum Wetter nichts sagen.	☒ E	O
12.	Sein Fernseher war kaputt.	☒ E	R
13.	Der Fischer flickte sein Netz und rauchte gemütlich seine Pfeife.	☒ R	T

Die Lösung: Schön war im Juli die

1	2	3	4	5	6	7		7	8		9	10	11	12
R	E	G	A	T	T	A		A	M		M	E	E	R

Lösungen – Seite 63

Der schlaue Gartenbesitzer – Lückentext

Trage die fehlenden Wörter in den Text ein.

schlaue, pflückte, Blumen, zwei, ohne, zwölf, Preis, Selbstverständlich, geehrter, Beratung, Vorgarten, Tochter, Schaden, Rat, Nachmittag, Brieftasche, ihre, geschickt, sah, Mädchen

Ein schlauer Gartenbesitzer

Herr Brendel ist stolz auf die prächtigen Blumen, die im ___Vorgarten___ seines großen Hauses blühen. Eines Tages ___sah___ er durch das Fenster etwas Schreckliches: Ein etwa dreijähriges blondes Mädchen ___pflückte___ im Vorgarten einen Blumenstrauß. Noch bevor Herr Brendel aus dem Haus kam, lief das Mädchen mit den ___Blumen___ weg. Der Nachbar lachte: „Das süße ___Mädchen___ kenne ich. Es ist die ___Tochter___ des Anwalts Dr. Priegel. Er wohnt ___zwei___ Straßen weiter."

Am ___Nachmittag___ besuchte Herr Brendel den Anwalt. Er überlegte sich, wie er möglichst ___geschickt___ anfängt: „Herr Anwalt, bitte geben Sie mir einen guten ___Rat___. Wenn ein kleines Kind in meinem Vorgarten Blumen pflückt, müssen dann die Eltern den ___Schaden___ bezahlen?" „___Selbstverständlich___", erwiderte der Anwalt empört. „Es ist unglaublich, wie manche Eltern ihr Kind ___ohne___ Aufsicht herumlaufen lassen!" „Herr Anwalt, das Kind, von dem ich rede, ist ___Ihre___ Tochter! Sie müssen ___zwölf___ Euro bezahlen. Das ist der ___Preis___ für die Blumen, die Ihre Tochter gepflückt hat."

Mit rotem Kopf griff der Anwalt in die Tasche seines schwarzen Anzugs, holte aus einer dicken ___Brieftasche___ das Geld und legte es auf den Schreibtisch.

Der ___schlaue___ Herr Brendel ging mit dem Geld vergnügt nach Hause.

Einige Tage später erhielt er Post. Es war die Rechnung des Anwalts. Darin stand:

„Sehr ___geehrter___ Herr Brendel,

das Honorar für meine erfolgreiche rechtliche ___Beratung___ beträgt 50,00 Euro.

Mit freundlichen Grüßen,

Ihr Anwalt Dr. Priegel".

Lösungen – Seite 65

Der schlaue Gartenbesitzer – richtig oder falsch?

Welcher Satz ist richtig? Kreuze an.

		richtig	falsch
1.	Herr Brendel ist stolz auf die prächtigen Obstbäume.	B	☒ R
2.	Ein dreijähriges Mädchen pflückte einen Blumenstrauß.	☒ E	A
3.	Das Mädchen lief mit den Blumen weg.	☒ C	O
4.	Der Nachbar weinte.	L	☒ H
5.	Es ist die Tochter des Richters Dr. Priegel.	M	☒ T
6.	Am Abend besuchte Herr Brendel den Anwalt.	W	☒ S
7.	„Herr Anwalt, bitte geben Sie mir einen kleinen Tipp!"	K	☒ B
8.	„Das Kind, von dem ich rede, ist Ihre Tochter!"	☒ E	I
9.	„Sie müssen 15 Euro bezahlen."	S	☒ R
10.	Der Anwalt trug einen braunen Anzug.	E	☒ A
11.	Er legte das Geld auf den Computertisch.	W	☒ T
12.	Einige Tage später erhielt Herr Brendel Post.	☒ U	P
13.	Es war die Rechnung des Anwalts.	☒ N	M
14.	Das Honorar beträgt 40,00 Euro.	U	☒ G

Die Lösung:

Herr Brendel zahlte für eine **R E C H T S B E R A T U N G** (1–14)

Lösungen – Seite 66

Der schlaue Gartenbesitzer – Kreuzworträtsel

Löse das Kreuzworträtsel mit Hilfe des Textes.

„Selbstverständlich", ERWI**D**ERTE der Anwalt empört.

Der Anwalt L**E**GTE das Geld auf den Schreibtisch.

Der Anwalt G**R**IFF in die Tasche seines Anzugs.

Herr Brendel ÜBE**R**LEGTE, wie er es geschickt anfängt.

Herr Brendel ERHI**E**LT Post.

Das Mädchen PFLÜ**C**KTE einen Blumenstrauß.

Am Nachmittag BESUC**H**TE Herr Brendel den Anwalt.

Der Anwalt HOL**T**E das Geld aus seiner Brieftasche.

Herr Brendel **S**AH durch das Fenster etwas Schreckliches.

Der Nachbar D**A**CHTE: „Das Mädchen kenne ich."

Herr Brendel GI**N**G mit dem Geld nach Hause.

Der Brief **W**AR die Rechnung des Anwalts.

Als Herr Brendel aus dem Haus K**A**M, war das Mädchen weg.

Das Mädchen **L**IEF mit den Blumen weg.

Im Brief S**T**AND „Das Honorar beträgt 50,00 Euro".

Der Lösungssatz:

Klüger war **D E R** (1–3) **R E C H T S A N W A L T** (4–15)

Lösungen – Seite 68

Der schlaue Gartenbesitzer – Adjektive

Ordne nachfolgende Adjektive (Eigenschaftswörter) sinnvoll den Substantiven (Nomen, Hauptwörtern) zu.

gute, kleines, rote, großes, dreijähriges, schwarze, rechtliche, freundlichen, kluge, hohe, prächtigen, blonde, geschickte, dicke

die *prächtigen* Blumen	der *kluge* Gartenbesitzer
ein *dreijähriges* Mädchen	ein *kleines* Kind
der *gute* Rat	das *blonde* Mädchen
der *schwarze* Anzug	eine *dicke* Brieftasche
die *rechtliche* Beratung	der *geschickte* Anwalt
die *freundlichen* Grüße	der *hohe* Preis
der „*rote*“ Kopf	ein *großes* Haus

Lösungen – Seite 71

Die wertvollen Briefe – Lückentext

Trage die fehlenden Wörter in den Text ein.

Diese Wörter musst du einsetzen:
berühmter, Buchhändler, bat, weder, noch, dachte, Brief, wieder, Dichter, jetzt, Schicksal, wunderte, zuverlässig, ging, Meer, Antwort, Kopf, bestellt, sammeln, zahlen, verdienen, Ideen

Die wertvollen Briefe

Ein *berühmter* Schriftsteller fuhr zur Erholung ans Meer. Er suchte nach *Ideen* für ein neues Buch. Es sollte vom Leben und *Schicksal* der Fischer erzählen. Dort schrieb er einem *Buchhändler* in Berlin einen Brief. Er *bat* den Buchhändler, ihm einige Bücher zu schicken. Der Dichter bekam *weder* eine Antwort *noch* die Bücher. „Der Brief ist nicht in Berlin angekommen“, *dachte* der Schriftsteller und ärgerte sich über die Post. Er schrieb dem Buchhändler noch einmal einen *Brief*. Es kam *wieder* keine Antwort. Da schrieb der *Dichter* zum dritten Mal nach Berlin. Auch *jetzt* gab es keine Antwort und kein Buch. Der Dichter *wunderte* sich, denn er wusste, dass der Händler sehr *zuverlässig* war.

Als der Schriftsteller wieder zurück in Berlin war, *ging* er in die Buchhandlung um zu erfahren, weshalb der Händler die Bücher nicht in den Urlaubsort am *Meer* geschickt hatte. Er wollte auch wissen, warum der Buchhändler noch nicht einmal eine *Antwort* geschrieben hatte. Der Händler bekam einen roten *Kopf* und sagte: „Lieber Herr, Ihre Bücher habe ich längst *bestellt* und verpackt. Aber es gibt Menschen, die *sammeln* die Briefe berühmter Persönlichkeiten. Und diese Sammler *zahlen* für Ihre Briefe viel mehr Geld, als ich mit den Büchern *verdienen* kann.

Lösungen – Seite 73

Die wertvollen Briefe – Kreuzworträtsel

Löse das Kreuzworträtsel mithilfe des Textes.

Manche Leute sammeln	B R I E F E	berühmter Persönlichkeiten.
Der Dichter bat den Händler um einige	B Ü C H E R	
Dort schrieb er dem	B U C H H Ä N D L E R	einen Brief.
Er fuhr zur	E R H O L U N G	ans Meer.
Der Schriftsteller schrieb den dritten	B R I E F	an den Buchhändler.
Ein berühmter	S C H R I F T S T E L L E R	fuhr ans Meer.
Der Schriftsteller ärgerte sich über die	P O S T	
Das Buch sollte vom Leben der	F I S C H E R	erzählen.
Er schrieb nochmal nach	B E R L I N	
Er suchte am Meer nach neuen	I D E E N	
Zurück in Berlin ging er in die	B U C H H A N D L U N G	
Der Schriftsteller bekam keine	A N T W O R T	vom Buchhändler.
Die Sammler bezahlen für die Briefe viel mehr	G E L D	

Der Lösungssatz:

Der Schriftsteller vermisste eine

1	2	3	4	5	6	7	8	9	10	11	12	13
B	Ü	C	H	E	R	S	E	N	D	U	N	G

aus Berlin.

Lösungen – Seite 77

Ganz schön daneben – Lückentext

Trage die fehlenden Wörter im Text ein:

Diese Wörter musst du einsetzen:
schlecht, Zukunft, heiraten, geheimnisvollen, Lotto, zufrieden, Nennen, sondern, unterbrach, Geben, Chef, gewonnen, eigene, dieses, bekomme, Ferienhaus, kommen, junge, Gehaltsaufbesserung, Glück, Zeitung, verbringen

„Komm zu Frau Turandot und erfahre Deine __Zukunft__! Frau Turandot sieht alles, was __kommen__ wird, auch in Deinem Leben!", stand in einer großen Anzeige in der Zeitung.

Ein junger Mann kam zu Frau Turandot in ihre __geheimnisvollen__ Praxisräume. „__Geben__ Sie mir bitte Ihre linke Hand", sagte die Hellseherin und begann aus der Hand zu lesen. „Sie werden viel __Glück__ im Leben haben. Ihr Chef ist mit Ihnen __zufrieden__. Sie werden noch __dieses__ Jahr eine Gehaltserhöhung bekommen. Ihren Urlaub werden Sie am Meer __verbringen__ und dort eine hübsche, tüchtige, junge Frau mit einem Auto kennen lernen. Sie werden sie __heiraten__. Sie werden außerdem viel Geld im __Lotto__ gewinnen. Sie werden …"

„Danke, das genügt", __unterbrach__ sie der junge Mann. „Und vielen Dank. Auf Wiedersehen!" „Einen Moment bitte; ich __bekomme__ von Ihnen zwanzig Euro!", rief Frau Turandot. „Zwanzig Euro?" sagte der __junge__ Mann verwundert, „In der __Zeitung__ steht, dass Sie alles wissen. Sehen Sie, Sie haben aber nicht gewusst, dass ich eine __eigene__ Firma gegründet habe und selbst der Chef bin. Daher ist auch kein __Chef__ mit mir zufrieden, es gibt keine __Gehaltsaufbesserung__ und auch keinen Urlaub. Ich werde auch nicht ans Meer fahren, weil ich meine Freizeit in den Bergen verbringe, wo ich ein __Ferienhaus__ habe. Außerdem bin ich verheiratet und meine Frau fährt nicht Auto, __sondern__ Motorrad. Meiner Firma geht es zurzeit __schlecht__ und ich habe kein Geld. Ihre zwanzig Euro zahle ich, sobald ich im Lotto __gewonnen__ habe. __Nennen__ Sie mir bitte Ihre Bank und Ihre Kontonummer!"

Lösungen – Seite 79

Ganz schön daneben – Satzteile

Was gehört zusammen? Beziffere richtig.

1	Ihre 20 Euro bekommen Sie,	5	Ihre linke Hand.
2	Sie werden viel Glück	7	dass Sie alles wissen.
3	Frau Turandot sieht alles,	8	sondern Motorrad.
4	Ihren Urlaub werden Sie	6	eine Gehaltserhöhung bekommen.
5	Geben Sie mir bitte	4	am Meer verbringen.
6	Sie werden noch dieses Jahr	1	sobald ich im Lotto gewonnen habe.
7	In der Zeitung steht,	3	was kommen wird.
8	Meine Frau fährt nicht Auto,	2	im Leben haben.

Schreibe nun die ganzen Sätze.

1 Ihre 20 Euro bekommen Sie, sobald ich im Lotto gewonnen habe.

2 Sie werden viel Glück im Leben haben.

3 Frau Turandot sieht alles, was kommen wird.

4 Ihren Urlaub werden Sie am Meer verbringen.

5 Geben Sie mir bitte Ihre linke Hand.

6 Sie werden noch dieses Jahr eine Gehaltserhöhung bekommen.

7 In der Zeitung steht, dass Sie alles wissen.

8 Meine Frau fährt nicht Auto, sondern Motorrad.

Lösungen – Seite 80

Ganz schön daneben – Kreuzworträtsel

Löse das Kreuzworträtsel mit Hilfe des Textes.

Geben Sie mir bitte Ihre linke HAND

Frau Turandot ist eine HELLSEHERIN

Sie werden Ihren Urlaub am Meer VERBRINGEN

Ich habe meine eigene Firma GEGRÜNDET

Sie werden noch dieses Jahr eine GEHALTSERHÖHUNG bekommen!

Der Chef ist mit Ihnen ZUFRIEDEN

Geben Sie mir bitte Ihre KONTONUMMER

Erfahre deine ZUKUNFT, stand in einer Anzeige.

In der ZEITUNG stand, dass Sie alles wissen.

Ein junger MANN kam zu Frau Turandot.

Ich bin mein eigener CHEF

Sie werden viel Geld im LOTTO gewinnen!

Deine Lösung:

1	2	3	4	5		6	7	8	9	10	11	12
D	E	I	N	E		Z	U	K	U	N	F	T

Denk an DEINE ZUKUNFT!